소액 경매 투자의 정석

경제적 자유를 꿈꾸는 당신을 위한

소액 경매 투자의 정석

초 판 1쇄 2020년 10월 13일
초 판 2쇄 2022년 08월 17일

지은이 김영진
펴낸이 류종렬

펴낸곳 미다스북스
총괄실장 명상완
책임편집 이다경
책임진행 김가영 신은서 임종익 박유진

등록 2001년 3월 21일 제2001-000040호
주소 서울시 마포구 양화로 133 서교타워 711호
전화 02) 322-7802~3
팩스 02) 6007-1845
블로그 http://blog.naver.com/midasbooks
전자주소 midasbooks@hanmail.net
페이스북 https://www.facebook.com/midasbooks425
인스타그램 https://www.instagram.com/midasbooks

© 김영진, 미다스북스 2020, *Printed in Korea.*

ISBN 978-89-6637-857-9 03320

값 15,000원

미다스북스는 다음세대에게 필요한 지혜와 교양을 생각합니다.

경제적 자유를 꿈꾸는 당신을 위한

소액 경매 투자의 정석

김영진 지음

미다스북스

절박함 속에서
경매라는 희망을 찾다!

사랑하는 아내를 만나 결혼을 다짐하기 전까지는 경제에 대한 관념이 전혀 없었다. 아무 계획 없이 돈을 벌고, 쓰다 보니 규칙적인 저축이 될 리가 없었다. 20대 중후반이었던 2011년에 주식 투자를 통해 운이 좋게도 나이에 비해 비교적 큰돈을 벌어본 경험도 있었다. 하지만 그 당시 자산을 운용하는 방법이 서툴렀고 어린 나이에 잘못된 부동산 투자를 하면서 벌어놓았던 돈은 점점 거품처럼 사라졌다.

그렇게 시행착오를 겪고 부동산에 관심이 생기면서 공인중개사 자격증을 취득했고 그 이후 중개의 기초라고 할 수 있는 원룸 중개부터 배우기 시작했다. 원룸의 메카라고 불리는 관악구에서 부동산 운영을 했다. 부동산 운영을 하면서도 경제 관념이 없다 보니 나갈 돈은 많고 돈이 어디로 다 새는지 모이는 돈이 크게 없었다. 그렇게 한 달 벌고 한 달을 겨우 버티는 하루살이 같은 인생을 살다가 아내를 만났다.

결혼을 생각하면서 비로소 책임감이라는 것을 느끼게 되었다. 사랑하는 아내와 가족들을 책임져야 한다는 생각과 동시에 가족들과 함께하는 시간을 자주 보내며 행복한 미래를 살고 싶다는 꿈을 꾸게 되었다. 그러기 위해서는 경제적으로 풍요로워야 하고, 경제적 그리고 시간적 자유를 이뤄야 했다. 하지만 가진 것 하나 없는 빈털터리였던 나는 누구도 행복하게 해줄 수 있는 능력이 없었다. 그래서 잠 못 이루는 날들이 많았다.

"어떻게 해야 내가 일하지 않아도 돈이 들어오는 시스템을 만들어서 경제적 · 시간적 자유를 가진 부자가 될 수 있을까?"

머릿속엔 이 고민만 가득했고 눈이 따가울 정도로 새벽에 유튜브, 블로그를 통해 부자가 되는 방법을 찾아보았다. 정말 내가 사랑하는 가족들과 행복한 인생을 살고 싶은 마음 하나뿐이었다. 그렇게 알아보고 시작하기로 결심한 것이 경매였다. 경매를 선택한 이유는 소액으로도 시작을 할 수 있었기 때문이다.

경매는 걱정뿐이었던 앞날에 희망을 품을 수 있게 해주었다. 경매 투자를 하면서 많은 시행착오와 우여곡절로 힘든 시간도 많았지만, 결론적으로 경매로 낙찰받은 건물을 통해 일하지 않아도 돈이 들어오는 월세 현금 흐름을 만들게 되면서 나의 가정에 어느 정도의 여유가 생겼다. 지금도 열심히 경제적·시간적 자유를 향해 달려가고 있다.

내가 이 책을 쓴 이유는 단순히 경매 투자를 하라고 말하고 싶어서가 아니다. 나처럼 책임을 져야 하는 가족이 있는데 금전적으로 어려운 상황에 처해 있고 자신의 삶과 일에 힘들어하는 이들에게 조금이라도 용기를 주고 싶어서이다. 그리고 나의 성공과 실패의 경험을 발판삼아 이 책을 읽는 독자들에게 조금 더 쉽게 목표를 향해 갈 수 있는 방향을 제시하고 독자들과 함께하는 친구이자 동반자가 되고 싶다.

이 책의 메시지는 단순하다. 바로 현실에 안주하거나 머무르지 말고 경제적 자유를 이루기 위해 도전하라는 것이다. 사랑하는 가족들과 행복한 삶을 꿈꾸는 미래를 위해 도전하고 노력할 때, 비로소 자신이 원하는 미래의 모습을 만들고 꿈을 이룰 수 있다는 것이다. 성공을 위해 경매에 도전하지 않고 현실에 머물렀다면, 그리고 작가의 꿈에 도전하지 않았다면 지금의 나는 존재하지 않을 것이다.

시중에 많은 경매 책들이 있다. 나의 저서인 『소액 경매 투자의 정석』은 단언컨대 일반적인 책들과 매우 다를 것이다. 존경하는 훌륭한 분들이 쓴 책을 통해 나도 많은 배움을 얻었고, 평생 소장하고 싶은 책도 있지만 단순히 주변 지식이나 관련 이론만 담은 책들도 많다. 그에 비해 이

책에는 내가 직접 소액으로 경매 투자를 하면서 깨달은 노하우와 시행착오를 담았다. 투자에서 가장 중요한 '시장 흐름'을 파악하는 것과 '시세 조사'를 하는 법을 강조하고, 경험하지 않으면 절대 알 수 없는 '돈'이 되는 나만의 꿀팁 노하우를 담았다. 그리고 내가 겪었던 고통스러운 시행착오를 이 책을 읽는 독자분들이 절대 겪지 않았으면 하는 바람으로 시행착오와 실패를 줄이고 무조건 이기고 시작하는 성공 투자를 하는 방법을 담으려고 노력했다.

경매를 잘 배워놓으면 인생의 큰 전환점을 마주하는 기회를 잡게 될 것이다. 이 책을 통해 배우는 것에 그치지 않고 실제 현장에 나가 입찰하는 것에까지 도전하는 용기를 낸다면 지금보다 훨씬 풍요롭게 살아가는 아주 유용한 툴을 익히는 기회를 얻을 것이라고 자부한다. 궁금한 점이 있다면 주저하지 말고 연락을 주기 바란다. 부족한 부분은 내가 대신 채워주겠다.

경매를 만나 꿈과 희망이 이루어지기를

지금 당신이 주어진 삶의 현실에 지치고 힘들다면 이 책을 통해 '김영진'이라는 새로운 파트너이자, 친구, 멘토를 얻길 바란다. 그리고 당신이 원하는 목표를 꼭 이루길 간절히 바란다. 나는 내가 경매를 통해 꿈과 희망을 얻었듯 여러분도 경매를 통해 꿈과 희망을 얻을 수 있기를 진심으로 바라며 응원할 것이다.

마지막으로 이 자리를 통해 지금의 나를 있게 해준 사랑하는 사람들에게 감사의 인사를 전하고 싶다.

이제는 내 삶의 가장 큰 이유이자 원동력, 내가 목표에 도전할 수 있게 항상 용기를 주고 믿어주고 응원해주고 지지해주고 나를 더 멋진 사람으로 만들어주는 지혜로운 나의 아내이자 5년 넘게 운영해 온 디저트 카페 '달달쳄' 대표 아영, 당신을 만나 결혼한 것은 내 인생의 가장 큰 성공이야. 영원토록 사랑하고 지켜줄게. 그리고 부족한 사위를 항상 '김서방'이 아닌 금처럼 귀하다고 해서 '금서방'이라고 불러주시며 자존감을 높여주시는 사랑하는 장모님, 뵐 때마다 항상 정성스러운 음식과 밝은 미소로 저를 맞이해주시는 장인어른, 사랑하는 아내를 낳아주신 것에 다시 한번 감사드린다. 한평생 목회자의 길을 걸어가시며 하나님을 알게 해주신 아버지, 나의 사랑하는 가족에게 감사를 전한다.

부족하지만 내가 부동산을 운영하면서 나를 도와주고 믿고 따라준 '하늘 부동산' 식구들, 내가 작가로 데뷔할 수 있도록 도와주고 끝없는 동기부여와 긍정의 힘을 가르쳐준 '한책협' 식구들, 이 원고를 좋게 봐주시고 책으로 나올 수 있게 도와준 출판사 '미다스북스'의 임직원분들, 지치지 않는 열정과 행동하는 모습으로 진정한 CEO의 교본이 되어주고 메신저로서 많은 영감을 주신 '리더스옥션'의 이상규 대표님, 경매를 하면서 가

소액 경매 투자의 정석

장 힘들었던 시기에 나를 이끌어준 나의 사수 한창운 본부장님, 힘들었던 나에게 마지막 작별 인사를 하면서 지갑에 있던 돈 전부를 주시던 손길은 영원히 잊지 못할 것이다.

그리고 마지막으로 사고뭉치 못난 아들을 위해 당신의 삶을 포기하고 평생을 고생하신 어머니, 너무너무 감사드리고 사랑한다. 비록 부유한 삶은 아니었지만, 어머니는 그러한 형편 속에서도 나에게 항상 좋은 것만 입혀주고 먹여주고 채워주고 헌신하신 아낌없이 주는 나무였기에 부족함을 모르고 살 수 있었다. 어머니께서 알려주신 모든 지혜는 지금의 나를 만들어낸 인생 최고의 교훈이었다. 어머니의 아들로 태어난 것이 나에게는 이 세상 가장 큰 축복이다. 나는 다음 생에도 꼭 어머니의 아들로 태어날 것이다.

"제가 효도할 수 있게 오래오래 건강하세요. 어머니…, 아니 엄마!! 영원히 사랑합니다."

2020년 10월
김영진

목 차

1장　소액으로 가능한 최고의 재테크는 경매이다

2장 경매 투자는 선택이 아닌 필수이다

3장 부동산 경매 투자 7단계

4장 부동산 경매 투자로 돈 버는 기술

5장 돈이 없을수록 소액 경매를 하라

R e a l
Estate
Auction

1장

소액으로 가능한
최고의 재테크는
경매이다

Real Estate Auction

01

경매 공부가 돈 공부다

자신이 생각하기에 따라 인생은 달라진다.
-마르쿠스 아우렐리우스-

부동산 경매에 관심이 있는 사람들이라면 경매는 '싸게 살 수 있다.', '대출이 많이 나온다.', '소액 투자가 가능하다.'라고 알고 있을 것이다. 그런데 내가 직접 경매를 해보니 이러한 장점만 있는 것이 아니었다. 보이지 않는 더 큰 장점들이 있었다.

내가 직접 해보면서 느낀 경매는 학교에서도 알려주지 않는 인생 공부였고, 큰 깨달음을 주었다. 경매는 나를 더 강하고 단단하게 성장시켰다. 내가 느낀 경매의 장점을 알고 경매를 시작한다면 모르고 시작하는 것보다 경매를 대하는 자세가 분명 다를 것이다.

경매는 내 자산을 지키는 힘을 키워준다

경매의 장점 첫 번째는 '나 스스로 나의 자산을 지키는 힘'이 생긴다는 것이다. 경매를 공부하고 나서야 '나의 소중한 보증금을 지키는 것'과 부동산을 운영하는 입장에서 '상대방의 보증금을 지켜주는 것'이 중요한 것임을 알게 되었다. 사람들이 집을 구할 때 부동산에서는 당연한 절차로 등기부등본을 확인시켜준다. 사람들은 그것을 의심하지 않고 문제가 없다고 하면 '그게 맞겠지.'라고 생각하고 넘어간다. 부동산에 크게 관심이 없는 사람일수록 등기부등본을 잘 볼 줄 모르기 때문이다.

나도 부동산에 대해 모르던 시절 이사를 할 때 부동산에서 문제가 없다고 하면 '그게 맞겠지.'라고 생각했다. 그 당시 내 자산을 지킬 힘이 없었는데 아무것도 모른 채 지켜진 것은 행운이었다. 경매를 공부하고 나서야 나 스스로가 내 자산을 지킬 수 있는 힘이 생겼다. 경매를 직접 하다 보면 등기부등본을 보는 것은 기본이기 때문에 사기를 당할 확률을 크게 줄일 수 있다.

투자의 기본은 잃지 않는 투자다. 내가 스스로 내 재산을 지킬 수 있다는 것은 가장 큰 소득이자 경매를 배워야 하는 주된 이유이기도 하다.

경매는 부동산을 가장 빨리 배우는 지름길

경매의 장점 두 번째는 '경매가 부동산을 가장 빨리 배우는 방법'이라는 것이다. 부동산 투자를 하려는 사람들이 가장 많이 하는 질문은 "부동산 공부를 어떻게 시작하지?"라는 것이다. 부동산을 알아볼 때 기본적으로 조사를 해야 하는 입지, 시세 조사, 물건의 하자 여부, 등기부등본상의 문제, 호재 등을 파악해야 하는데 이 모든 것을 가장 빠르게 배울 수 있는 것은 경매라고 생각한다. 경매는 일반 매매보다 비교적 나 스스로 조사하고 결정을 해야 하는 부분이 많기 때문이다. 그러한 과정에서 부동산을 조사하는 능력이 자연스럽게 향상된다. 부동산 전문가들 또한 기본적으로 경매를 해봤던 분들이 많다. 그들이 투자의 한 수단으로 경매를 활용하고 계신 것을 보면 알 수 있다.

경매는 레버리지를 활용하는 방법을 키워준다

경매의 장점 세 번째는 '자본주의 돈의 흐름을 알게 해준다'는 것이다. 총 5부작으로 구성된 〈EBS 다큐프라임 자본주의 시리즈〉가 있다. 그 다큐멘터리를 보면 돈이란 어떤 것인지, 돈의 발생, 돈의 흐름, 돈의 역할 등에 대해서 말해준다. 못 보셨다면 시간 되실 때 꼭 한번 보기 바란다. 반드시 도움이 될 것이다.

나는 경매를 하면서 '자본주의의 돈이란 이렇게 흐르는 것이구나.'라고 느꼈다. 『레버리지』의 저자 롭 무어(Rob moore)는 30살에 부를 거머쥔 백만장자, 영국에서 가장 빠른 속도로 자수성가한 인물이다. 그는 과거에 사업을 몇 차례 시도했으나 모두 실패했다. 빚이 손쓸 수도 없이 불어나

파산 상태에 빠지기도 했지만, 그 과정에서 자본주의의 원리를 깨닫고 레버리지 기술을 터득했다. 이후 그는 불과 3년 만에 완전한 경제적 자유를 획득하여 젊은 나이에 백만장자 반열에 올랐다. 롭 무어는 자기 자본은 단 한 푼도 들이지 않고 500채 이상의 부동산을 소유하는 데 성공한 신화적인 인물이다. 그는 현재 영국에서 가장 큰 부동산 기업인 프로그레시브 프로퍼티(Progressive Property)를 포함한 8개의 사업체를 운영 중이다.

나 역시 나의 자본이 들어가지 않고 오히려 돈이 더 생기는 현상을 경험했다. 인천에 있는 빌라였는데 9,000만 원에 낙찰을 받아서 낙찰가의 80%인 7,200만 원을 대출을 받아서 실투자금은 약 2,000만 원이 들어갔지만, 1억 원에 전세 계약을 해서 전세금으로 돈을 회수하니 투자금 2,000만 원과 오히려 1,000만 원이 더 생긴 것이다. 그 당시 아주 작은 사례였지만 '부자들은 이렇게 돈을 굴리겠구나.'라고 생각이 들었다. 물론 이것이 다 내 돈이 아니었지만, 돈이라는 것이 그렇게 내 돈으로만 굴러가는 것이 아니라 남의 돈과 같이 돌고 돈다는 것을 알게 되었다. 그 돈을 활용하여 내 돈과 남의 돈이 점점 굴려져서 커지는 것이었다.

EBS〈다큐프라임 자본주의 시리즈〉를 보면 아마 조금 더 이해가 쉽게 될 것이다. 자본주의사회를 사는 지금, 경매 투자를 하면서 돈의 흐름이 어떤 것인지, 무엇인지 느끼게 된 것은 나에게 큰 소득이었다.

경매는 주체적으로 결정하는 힘을 길러준다

경매의 장점 네 번째는 '경매는 나를 강하고 단단하게 성장시켜준다'는 것이다. 경매를 아직 안 해봤다면 이제 도전하기에 앞서 어떤 생각이 드는가? 설레는가? 아니면 두려운가? 아마도 두렵다는 분들이 비교적 더 많을 것이다. 두려운 생각이 드는 이유는 경매는 모든 책임이 '다른 사람'이 아닌 '나'에게 있기 때문이다. 경매 컨설턴트에게 컨설팅을 의뢰하지 않는 이상 관심 있는 매물의 권리분석, 시세 조사, 명도 등 모든 책임이 전부 '나'에게 있다.

일반 부동산에서 거래하는 매물의 책임은 대부분 '내'가 아닌 '부동산'이 진다. 부동산 사장님께서 모든 자료에 대해 브리핑을 해주고, 등기부등본을 보여주면서 권리분석을 해준다. 시세 또한 아주 친절하게 브리핑 받고 물건을 살지 말지 결정할 수 있다. 하지만 경매는 180도 다르다. 그 브리핑을 내가 직접 해야 한다. 물건의 하자 여부, 시세와 호재, 상권분석, 임대 가격, 이 집의 경쟁력 등 스스로 면밀하고 샅샅이 조사해야 한다. 이렇게 경매는 모든 책임을 내가 질 준비가 돼 있어야 한다. 경매는 '마음의 준비'가 우선이다.

경매는 혼자 스스로 풀어나가야 하는 것들이 참 많다. 현장 조사를 할 때 경매 물건은 일반 매매 물건과 달리 해당 물건의 집 안 내부를 보기가 어렵기 때문에 내부 상태와 시세 조사가 만만치 않다. 입찰가도 스스로 결정하고, 낙찰을 받으면 대출을 받을 은행도 스스로 결정해야 한다. 점유자에게 직접 찾아가서 점유자를 내보내기 위한 협상을 해야 한다. 못 나간다는 점유자와 힘든 시간을 보내야 할 수도 있다. 점유자를 내보냈으면 도배, 장판, 인테리어 등을 스스로 알아보고 맡겨야 한다. 임대를 맞추기 위해 여러 부동산에 찾아가서 나의 부동산을 알려야 한다.

경매 컨설턴트를 하면서 여러 고객을 만나본 결과 사람들을 직접 대면하는 것을 힘들어하는 사람들이 생각보다 많다. 부동산에 전화 한 통 거는 것조차 어려워하는 사람들도 많다. 그분들은 점유자를 만나거나 부동산에 가서 매물을 내놓는 일들에 대해 큰 부담을 느낀다. 경매는 모든 것에 대한 책임을 지고 단독적으로 해결해야 한다. 이것이 경매의 가장 큰 단점이라고 할 수 있다.

그런데 역으로 생각해서 나만 잘할 수 있다면 전혀 단점이 아니게 된다. 경매는 절대 만만하진 않다. 그렇기 때문에 기회가 더 있다고 생각한다. 늘 기회는 이런 곳에 숨어 있기 마련이다. 경매는 '귀차니즘'이었던 나를 더 강하고 단단하게 성장시켰다. 결과적으로 이 성장통을 이겨내고 자립심을 키울 수 있었다.

경매의 장점 4가지를 요약해보면,

첫 번째, 경매는 스스로 나의 자산을 지킬 수 있는 힘을 길러준다.
두 번째, 경매는 부동산 공부를 가장 빨리 할 수 있는 방법이다.
세 번째, 경매는 자본주의 돈의 흐름을 알게 해준다.
네 번째, 경매는 나를 강하고 단단하게 성장시킨다.

경매 투자를 하기 전에는 경매의 장점이 부동산을 싸게 사고, 대출을 많이 받을 수 있고, 소액 투자가 가능하다는 점! 이것이 전부인 줄 알았다. 하지만 경매 투자를 직접 해보니 경매의 장점은 더 강력했다. 이 글을 읽고 있는 독자분들이 법원 경매장에 가서 입찰을 안 하더라도, 낙찰을 꼭 못 받더라도 경매에 관심을 가지고 공부하는 것만으로도 충분히 의미가 있을 거라고 생각한다. 그런 관심과 노력이 내 자산을 지켜주는 돈 공부가 되고 더 단단한 나로 만들어줄 것이라고 확신한다.

02

소액으로 가능한
최고의 재테크는 경매이다

인생은 우리가 만드는 것이다. 항상 그래왔고, 앞으로도 그럴 것이다.
-그랜마 모제스-

어제 내 고객으로부터 연락이 왔다. 천호동에 거주하고 있는 40대 초반의 회계업 종사자이다. 연락하기 전날 천안에 있는 아파트에 입찰하고 왔는데 아쉽게도 떨어졌다는 연락이었다. 그 아파트는 14채가 한 번에 나온 물건이었고, 그 14건 중에서 2건을 입찰했다고 한다. 2건 다 세입자가 현재 살고 있는 집을 골라서 입찰했다.

낙찰가는 감정가 대비 50~60%로 낙찰이 되었다. 감정가 4,000만 원대인 물건인데 2,000만 원대에 낙찰이 된 것이다. 현재 두 아파트에 거주하고 있는 세입자는 보증금 300만 원에 월세 20만 원에 거주하고 있었고 또 한 분은 보증금 1,300만 원에 월세 12만 원에 현재 거주 중이었다.

소액 경매 투자의 정석

이 아파트의 가격은 거의 저점이라 더 떨어지기는 쉽지 않았고, 상대적으로 저렴하다 보니 임대 수요도 충분한 아파트였다. 대출을 받지 않고 구입해도 수익률이 나쁘지 않지만, 대출을 활용하면 수익률은 더 올라간다.

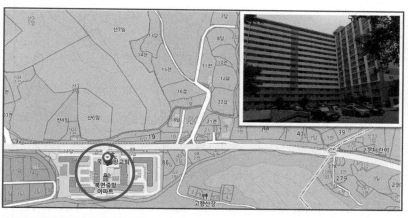

감정가	4,300만 원
낙찰가	2,590만 원
대출	2,070만 원
내 돈	520만 원(각종 세금 및 등기 이전 비용 제외)
보증금	300만 원 / 월세 20만 원(실투자금 220만 원)

최초 1년 거치 시(단위: 만 원)		1년 거치 후(단위: 만 원)	
월세(연 월세)	20(240)	월세(연 월세)	20(240)
대출이자 3.5% (연 이자)	6.1(73)	대출이자+원금분할 상환액(30년)	9.5(114)
월 수익(연 수익)	13.9(167)	월 수익(연 수익)	10.5(126)

보통 아파트의 경락잔금대출은 아파트의 경우 'KB 시세의 70%'와 '낙찰가의 80%' 중 낮은 금액으로 대출을 받을 수 있다. 이 아파트는 워낙 감정가와 낙찰가의 폭이 커서 최소 낙찰가의 80%의 대출이 가능한 물건이었다. 사실 이렇게 감정가와 낙찰가의 갭이 크면 클수록 대출은 80%보다 더 받을 수도 있다.

이 아파트의 경우 소액 투자가 가능했다. 220만 원을 투자해서 이자를 차감하고 매달 월세 14만 원을 받을 수 있는 물건이었다. 현재 이 아파트의 실거래가를 보면 보증금 500만 원에 월세는 20만 원인 경우도 있다. 보증금을 500만 원으로 세입자를 받는다면 실투자금은 거의 투입이 되지 않는다. 매달 14만 원이라는 금액에 "그거 받으려고 뭐 하러 힘들게 경매를 해?" 이러는 분들도 있을 것이다. 그런 분들은 부동산 투자를 하지 않길 바란다. 이 적은 금액들이 모여 큰 금액을 만든다. 금액이 중요한 것이 아니다. 수요자에서 공급자로 위치가 바뀌는 순간 받는 금액을 떠나 생각하는 것이 달라진다.

투자에 재미를 느낄 수 있고 항상 세입자의 위치에서 살아오던 내가 집주인으로서 위치가 바뀌는 것이다. 이 과정에서 여러 시행착오를 거치면서 배움도 있을 것이다.

이 물건 같은 경우는 현재 사는 세입자가 재연장을 하겠다고 의사표시를 한 상태였다. 낙찰을 받아도 그 이후에 도배, 장판, 인테리어 등 신경

26

쓰지 않아도 되고 공실 걱정 또한 안 해도 되는 물건이었다. 낙찰을 받자마자 바로 수익을 창출할 수 있는 소액 투자 사례이다. 마음을 먹고 경매 물건을 찾다 보면 220만 원으로도 아파트 투자가 가능하다. 뭐든지 마음먹기에 달려 있다.

900만 원 투자로 월세 30만 원 받다

이 고객은 2020년 1월에 나에게 컨설팅을 의뢰한 고객이었다. 3,000만 원으로 소액 투자를 하고 싶다던 고객이었다. 한 가정의 가장이고 두 아이의 아빠로서 생활하다 보니 지출이 많아지고 회사 월급으로는 부족하단 생각에 월세 수익을 원하던 분이었다. 나는 꾸준히 해서 월세 100만 원 만들기부터 해나가자고 조언했다. 나는 2월에 인천에 위치한 빌라 2건의 입찰부터 명도, 임대까지 경매의 전 과정을 도와주었다. 그 2건 또한 소액 투자였는데 한 건은 실투자금이 약 600만 원대, 또 다른 한 건은 약 1,100만 원이 들어간 투자였다. 둘 다 월세를 받는 '수익형' 투자였고 둘 다 월세는 30만 원, 또 하나는 50만 원을 받고 있다. 80만 원 월세 수익에서 이자를 차감하면서 월 약 45만 원의 월세 수익을 받고 있다. 약 2,000만 원 이하의 투자금으로 월세 현금 흐름을 만든 것이다. 이렇게 3번을 반복한다고 가정하면 월세 100만 원을 만들 수도 있는 것이다. 그중 한 사례를 간략하게 알아보도록 하겠다. 나의 블로그에도 포스팅을 한 사례이기도 하다. 인천 남동구에 위치한 빌라이다.

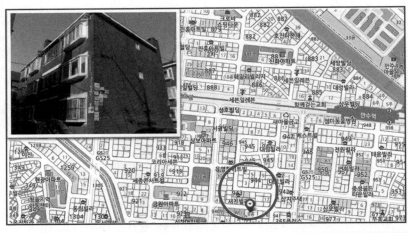

감정가	7,100만 원
낙찰가	5,169만 원
대출	4,260만 원
내 돈	909만 원(각종 세금 및 등기 이전 비용 제외)
보증금	300만 원 / 월세 30만 원(실투자금 609만 원)

최초 1년 거치 시(단위: 만 원)		1년 거치 후(단위: 만 원)	
월세(연 월세)	30(360)	월세(연 월세)	30(360)
대출이자 3% (연 이자)	10.7(128)	대출이자+원금분할 상환액(30년)	22(264)
월 수익(연 수익)	19.3(232)	월 수익(연 수익)	8(96)

　이 빌라는 감정가 7,100만 원에서 2회 유찰이 되었던 물건이었다. 1회 유찰이 될 때마다 30% 할인이 된 금액으로 약 1개월 뒤 재입찰을 한다. 이 빌라에는 총 25명이 입찰을 했다. 2등이 입찰한 가격은 약 5,123만 원

으로 약 46만 원의 차이로 낙찰을 받았던 물건이다. 인천 만수역에서 도보 7분 거리에 있는 이 빌라는 건물 면적은 약 10평으로 투룸이었고, 대지권은 약 8평이었다. 이 집은 감정가 대비 73%로 낙찰을 받은 집이었다. 낙찰가 5,169만 원이지만 대출(레버리지) 4,260만 원을 활용하여 기존 세입자에게 보증금 300만 원을 받으면서 609만 원의 실투자금이 들어간 사례였다.

낙찰을 받고 임대를 놓기 전에는 대출을 받아도 잔금을 치르기 위해서는 5,169만 원-4,260만 원=909만 원이 필요하다. 여기에 취득세(매매가의 1.1%)와 법무비를 포함하면 약 120만 원 정도 비용이 들어간다. 그래서 이 빌라의 최소 투자금은 1,200만 원 정도는 있어야 가능한 투자였다. 여기서 보증금 300만 원을 받으면 실투자금은 내려간다.

처음에는 쉬운 물건으로 접근하라

나는 경매 초보자들에게 경매로 아파트와 빌라 같은 주거용 부동산을 고를 때 이런 물건을 고르라고 가르친다.

"조금이라도 배당금을 받는 세입자가 살고 있는 물건에 입찰하라."라고 말이다. 그러한 가장 큰 이유는 명도가 쉽기 때문이다. 그 세입자는 배당금을 받기 위해 점유하고 있는 물건을 최대한 깨끗하게 비워준다.

낙찰자 입장에서도 빠른 시일 내에 깨끗하게 집을 비워달라는 요구를 하기가 쉽다. 또한 재계약을 하게 되면 여러 비용과 시간을 절약할 수 있다. 세입자를 내보내고 다시 임대를 맞추려면 도배, 장판 등 수선이 필요할 수 있고, 세입자를 맞추기까지 시간이 필요하다. 대출이자는 나가고 있는데 말이다. 그런 점에서 기존 세입자가 낙찰자와 재계약을 하면 따로 크게 신경 쓸 부분들이 없어진다.

특수 물건들은 비교적 저렴하게 낙찰을 받을 수도 있다. 그러나 명도 기간이 길어질 수 있는데 그때 발생하는 여러 리스크가 초보자들에게는 큰 스트레스로 다가와 경매 투자에 대한 회의를 느낄 수 있다. 부동산 투자를 할 때 롱런을 하는 것이 중요한데 그러기 위해서는 결국 돈도 좋지만, 마음이 편한 투자가 더 중요하다.

위 사례처럼 소액으로도 충분히 경매 투자를 할 수 있다. 600만 원을 투자하여 대출 이자를 빼고도 월 19만 원의 월세 파이프라인을 만드는 것이 가능하다. 이런 물건들은 지금도 있고 앞으로도 있다. 오히려 과거보다 더 많아지고 있다. 이 빌라의 낙찰자인 고객은 내가 가르친 대로 조금이라도 배당금을 받는 세입자가 살고 있는 물건들만 골라서 입찰한다. 그러한 매물은 부동산과 통화를 하거나 부동산 안에 들어가는 것조차 힘들어하는 사람들도 쉽게 입찰할 수 있는 물건이다. 쉽다고 그리 비싸게 사거나 낙찰받기 어려운 것도 아니다. 감정가 대비 저렴하게 낙찰받을 수 있다. 투자는 마음 편해야 하는 것이 정말 중요하다.

이번 6 · 17 부동산 대책으로 인해 인천은 전 지역이 조정대상지역과 투기과열지구로 바뀌어서 대출(레버리지)을 많이 활용할 수 없게 되었다. 하지만 주거용 부동산에만 해당되는 것이고 상업용 부동산은 해당 사항이 아니다. 오피스텔 같은 경우는 대출을 많이 받을 수 있다는 말이다. 그리고 꼭 인천이 아니더라도 투자할 만한 비규제 지역은 많다. 언제나 성공하는 사람들은 어떠한 상황 속에서도 다 방법을 찾아내고 수익을 만들어낸다. 마음만 먹으면 소액으로도 충분히 부동산 투자를 할 수 있다. 투자할 수 있는 물건들은 지금도 넘쳐난다. 고민만 하고 망설인다면 많은 기회를 놓칠 수 있다. 이 글을 읽는 독자분들은 꼭 도전하셔서 원하는 목표를 이루시길 바란다.

03

처음에는 쉬운 물건으로 하라

고기를 잡으려면 물에 들어가야 한다.

−워런 버핏−

"이사 비용이 없어서 이사할 수가 없어요."

"이사 비용 200만 원을 주시면 집 빼드릴게요."

"저도 5,000만 원 아예 못 받게 생겼는데 제가 어딜 나갑니까? 저도 돈 받을 때까지 그냥 못 나갑니다. 마음대로 하세요!"

아파트, 빌라, 오피스텔 등 주거용 부동산을 낙찰받고 명도를 하는 과정에서 집주인이거나, 보증금을 하나도 받지 못하는 세입자들이 주로 하는 말이다. 집주인과 세입자는 현재 그 집을 점유하고 있기 때문에 '점유자'라고도 한다. 점유자들은 소중한 보증금을 하나도 못 받고 집을 빼줘야 하는 상황에 놓인 것이다. 물론 모든 점유자가 이사 비용을 요구하고, 집을 안 빼주는 건 아니다. 현실을 인정하며 아무것도 바라지 않고 집을 빼주는 점유자들도 있다. 그 점유자는 기분이 어떨까? 1억 이상을 못 받고 나가야 하는 점유자들도 많이 봤지만, 금액을 떠나 억장이 무너지는 심경일 것이다. 점유자 중에 노인분이시거나, 생활고를 겪고 있는 분이라면 명도는 더더욱 쉽지 않다. 그 점유자를 명도하면서 낙찰자 입장도 그리 좋지 않다.

쉬운 투자를 하라. 그래야 투자를 지속할 수 있다

보증금을 받지 못할수록 명도를 하는 데 점유자의 저항력은 강해진다. 그러나 명도는 결국 될 것이고 낙찰을 받은 집의 열쇠는 낙찰자의 두 손에 들어오게 되어 있다. 어차피 이 싸움은 낙찰자가 이기는 싸움이다. 칼자루가 이미 낙찰자에게 있다는 것이다. 당장은 점유자가 집을 비워주지 않더라도 인도명령과 강제집행으로 점유자는 결국 나갈 수밖에 없기 때문이다. 다만, 시간이 오래 걸리고 강제집행을 했을 때 비용도 발생한다. 낙찰자 입장에서는 빨리 임대를 놓거나 매도를 해서 수익을 만드는 것이 목적이 아닌가? 그런데 명도를 하는 시간이 오래 걸리면 걸릴수록 리스크가 발생하는 것이다. 시간적 비용, 강제집행, 은행 이자 등 금전적 비용과 개인적으로 가장 안 좋은 스트레스까지 말이다. 다른 건 몰라도 스트레스를 받지 않아야 투자를 오랫동안 지속할 수 있다. 스트레스로 인해 결국 그만두는 사람들이 많다.

결국 명도를 마무리했다고 해보자. 나는 경매를 하면서 이런 경우를 너무 많이 봤다. 이렇게 보증금을 받지 못하고 안 좋은 마음으로 집을 비워주는 사람의 집치고 양호한 집을 거의 못 봤다. 여기저기 파손돼 있는 경우들이 많았다. 예전에 내가 낙찰받은 인천 간석동의 빌라 같은 경우에도 세입자가 보증금을 하나도 받지 못하는 상황이었다. 그 세입자는 보증금을 2,000만 원을 받지 못하고 나가는 분이었는데 '도어록'과 '후드', '에어컨 실외기'를 떼어가기도 했다. 결국 연락을 해서 받긴 했지만, 시간적 · 정신적 고통이 수반됐다.

"그럼 이런 스트레스를 받지 않으려면 어떻게 해야 하는가?"

방법은 간단하다.
'보증금의 전부 혹은 일부라도 배당받는 세입자가 살고 있는 집.'

바로 이거다. 세입자가 보증금을 전부 혹은 일부라도 받으려면 낙찰을 받고 잔금을 치른 소유자가 직접 작성한 '명도 확인서'가 필요하다. 명도 확인서와 명도는 동시이행 관계이다. 세입자가 집을 넘겨줘야 소유자가 명도 확인서를 준다. 세입자는 그 명도 확인서가 있어야만 법원에서 자신의 보증금의 전부 혹은 일부를 배당받을 수 있다.

이런 경우에 명도는 참 쉽다. 대부분 소유자는 '언제까지 집을 빼주시고 집을 깨끗하게 비워주시라.'고 요구할 수 있다. 간혹 배당금을 받아야 그 돈으로 이사를 해야 하는 상황도 있으니 그 부분은 세입자와 조율하면 된다. 여기서 좋은 점은 집을 깨끗하게 비워달라고 요구할 수 있다는 것이다. 세입자마다 보증금을 배당받는 비율에 따라 저항력이 다를 수 있겠지만 대부분 적은 금액이 아니기 때문에 원만하게 명도를 할 수 있고, 금방 임대를 놓을 수 있다. 명도가 쉬움으로써 시간을 줄일 수 있고, 여러 부가적인 비용을 줄일 수 있다.

또 다른 장점은 보증금을 배당받는 세입자들과 재계약을 할 수도 있다는 것이다. 이것은 낙찰을 받기 전에 현장 조사를 하러 가서 세입자를 만나 재계약 의사가 있는지 여쭤볼 수 있다. 경매 절차를 경험하여 이 집에 미련이 없어 이사를 하겠다는 세입자들도 있지만, 이사하기가 번거롭거나, 집이 편하거나, 이 가격에 사는 것이 힘들다는 것을 안다는 이유로 재계약을 하길 원하는 경우가 많다. 이렇게 재계약을 원하는 세입자의 집을 낙찰받으면 잔금을 치른 후에 새로운 임대계약을 체결해서 고정수익을 바로 만들 수 있다.

쉬운 물건으로도 충분히 수익을 낼 수 있다

보증금을 전부 혹은 일부를 배당받는 매물을 찾는 방법은 쉽다.

1. 대항력이 없지만, 배당금을 전부 혹은 일부 받는 세입자의 매물

2. 대항력이 있지만, 세입자의 배당 금액보다 입찰 금액이 높아 세입자
   의 보증금을 인수하지 않는 매물.

이 2가지가 있는데 1번만 입찰해도 충분하다. 2번이 뭔가 보증금을 인수해야 할 것 같고 불안감을 느낄 바엔 1번에만 집중해도 좋다.

경매에 관심을 두게 되었으면 유료 사이트에 투자라고 생각하고 꼭 가입하기 바란다. 나중에 몇백 배로 다시 회수하겠다는 다짐과 함께 말이다. 이 비용을 아끼려고 고군분투하다가 더 많은 기회를 놓칠 수 있다. 유료 경매 사이트를 활용하면 권리분석을 편하게 할 수 있다. 대항력 유무, 임차인이 배당금을 얼마나 받는지 다 볼 수 있다. 그리고 부동산 투자를 하는 사람으로서 등기부등본과 권리분석은 꼭 알아야 할 기본 중의 기본이다.

그런데 권리분석은 어렵게 공부할 필요가 없다. 말소기준권리에서 인수할 것과 인수하지 않을 것을 가리고, 임차인의 보증금 파악만 하면 쉽게 끝낼 수 있다. 권리분석은 2장에서 군더더기를 뺀 시간과 에너지를 줄일 수 있는 권리분석을 하는 방법을 알려드리도록 하겠다. 투자는 쉽고 마음이 편해야 오래 할 수 있다고 생각한다. 앞으로도 계속 강조할 내용이지만 투자는 어렵게, 스트레스 받으면 포기하게 되어 있다. 그러면 삶은 변하지 않는다.

"쉬운 물건은 경쟁률도 높고 가격도 높아서 낙찰받아도 돈이 안 돼."

틀린 말은 아니다. 그런데 반은 맞고 반은 틀린 말이다. 당연히 아무 문제가 없는 쉬운 물건은 아파트의 경우 실거래가 가격으로 낙찰을 받기도 한다. 그런데 입찰을 하는 모든 사람이 그 가격에 입찰하는 것은 아니다. 일반적으로는 시세를 알아보고 그 가격보다 낮은 금액에 입찰한 가격끼리의 경쟁이다. 결국은 시세보다 낮은 금액이다. 낙찰을 받는 사람은 존재한다.

나는 경매 초보 교육생들에게 '쉬운 물건에 입찰하라'고 코칭을 한다. 보증금을 받는 세입자 물건처럼 말이다. 경매 교육생분들을 보면 부동산에 전화 한 통 거는 것조차 어려워하시는 분들이 많다. 그런 분들일수록 더더욱 쉬운 물건을 해야 한다. 그것의 대표적인 사례가 보증금을 받는 세입자 물건이라는 것이다. "특수 물건을 해야 한다"고 말하는 분들이 있다. 그건 어느 정도 실력과 내공을 쌓은 후에 해야 한다. 근데 나는 개인적으로 실력과 내공이 쌓일수록 권리 관계가 복잡한 특수 물건은 더더욱 쳐다보지도 않는다. "부동산은 싸게 사는 것이 가장 중요한 원칙이다." 그런데 특수 물건을 하다가 돈보다 소중한 시간을 낭비할 수 있다. 감당하기 힘든 스트레스와 함께 말이다. 아무리 어떠한 경험도 버릴 것이 없고 중요하다고 하지만 최대한 목표를 향해 직선으로 나아가야지 정말 쓸데없는 시간을 낭비하게 될 수도 있다. 그리고 특수 물건을 공부하면서 '경매는 참 어려워.' 지레 포기하는 분들을 많이 봤다. 특수 물건을 배우고 이해하려 하고 깊이 파고들 시간에 차라리 쉽고 월세 수익 단돈 100원이라도 남는 것을 찾고 낙찰받아서 수익을 내는 것이 원하는 목표에 빨리 도달하는 방법이다.

경매를 처음 시작하는 분일수록 쉬운 물건에 입찰하는 것은 정말 중요하다. 그중에서도 '보증금을 받을 수 있는 세입자가 살고 있는 집'에 입찰하는 것을 강조하는 이유가 있다.

아무 문제가 없는 매물 중에 집주인이 사는 경우도 있다. 이 경우에도 명도가 어려울 수 있다. 대부분 집주인은 보증금을 받지 못할뿐더러 노인분이시거나 생활고를 겪고 있어서 명도를 하는 데 시간과 비용이 들 것이다. 스트레스는 덤이다. 그러면 투자를 지속하기가 어렵다.

꼭 특수 물건이라고 해서 싸게 사는 것도 아니고, 쉬운 물건이라고 해서 비싸게 사는 것도 아니다. 입찰가는 스스로 정하는 것이고 낙찰자는 존재한다. 돈을 조금 아끼려고 소중한 시간과 스트레스와 맞바꾸지 않도록 하자, 우린 지속적인 투자로 부자가 될 사람들이다.

경매, 직장인도 충분히 할 수 있다

부자를 만드는 것은 통장잔고가 아니라 생각의 차이다.
–폴 매케나–

"가난한 사람들과 중산층은 돈을 위해 일한다. 하지만 부자들은 돈이 자신을 위해 일하게 만든다."

"근로소득은 네가 돈을 위해 일하는 것이고, 자본소득은 돈이 너를 위해 일하는 것이다."

"돈이 자신을 위해 일하게 하는 방법을 배우라."

"현금 흐름을 창출하는 자산을 구입하거나 구축하면 돈이 당신을 위해 일하게 된다."

전 세계에서 가장 많이 팔렸다는 경제경영서 『부자 아빠 가난한 아빠』

의 저자 로버트 기요사키(Robert T. Kiyosaki)가 쓴 저서에 있는 문구이다. 이 말이 무슨 말인지 눈치를 채셨다면 우리가 살고 있는 자본주의를 이해한 것이다. 그리고 마음만 먹으면 경제적 자유를 이룰 기회가 있다는 것이다.

세상에는 2가지의 소득이 있다. 근로소득과 자본소득이다. 근로소득은 노동소득이라고도 하는데 말 그대로 내가 직장에서 노동을 통해 벌어들인 소득이다. 내가 직접 운영하는 자영업 또한 근로소득이다. 자본소득은 내가 일하지 않아도 돈이 돈을 버는 소득이다.

대표적으로 4가지가 있다.

1. 사업체
2. 은행 이자
3. 주식의 배당금
4. 부동산의 월세 수익, 시세 차익

여기서 사업체는 본인이 직접 운영하는 치킨 가게를 말하는 것이 아니다. 본인이 없어도 자동화 시스템으로 회사가 돌아가는 사업체를 말한다. 치킨 가게를 개업해서 본인이 직접 그곳에서 운영하고 있다면 자영업이고, 본인이 개입하지 않아도 시스템으로 매장이 운영된다면 사업이라고 할 수 있다. 사업체는 일반 서민이 구축하기에는 시간이 오래 걸릴 수 있으니 지금 당장 자본 수익으로 하기엔 어려움이 있다.

은행 이자는 가장 안전한 자본소득이다. 하지만 금리보다 화폐 가치 하락이 더 크기 때문에 은행에 돈을 넣으면 오히려 더 가난해진다.

주식은 자본시장의 커다란 축이자 재테크에 관심이 있는 투자자라면 한 번도 안 해본 사람은 드물다. 주식도 자본소득을 만들기 좋은 수단이다. 그런데 전문적인 지식이 없는 주식 초보자가 힘들게 만든 종잣돈을 조금이라도 불려보기 위해 주식시장에 뛰어드는 것은 말리고 싶다. 마이너스가 난다면 다시 회복하기까지 시간이 필요하다.

부동산 투자는 주식처럼 하루 만에 수익률이 30% 오르진 않는다. 다만 소액일수록, 아는 것이 없을수록 기본적인 것을 공부하고 부동산을 싸게 살 수 있는 경매를 통해 자산을 늘리는 것은 아주 어렵지 않다. 자신의 노력과 자본, 시간을 투입해 기대할 수 있는 수익률을 비교했을 때 이보다 더 훌륭한 투자처는 없다고 생각한다. 부동산으로 자본소득을 늘리는 것을 원칙으로 하자.

나를 대신해서 일해 줄 자본소득을 만들어라

돈으로부터 자유로워지고 싶지 않은가? 여행을 가고 싶을 땐 여행을 가는 자유, 도전하고 싶은 일에 도전하고 한 번쯤은 아침에 출근하지 않고 늦잠을 푹 잘 수 있는 자유를 누리고 싶지 않은가? 이것을 이뤄줄 수 있는 것이 '경제적 자유'이다. 경제적 자유를 누리기 위해서는 자본소득을 만드는 것에 집중해야 한다. 돈이 돈을 버는 자본소득 말이다. 자본수익은 황금알을 낳은 거위라고 표현하기도 한다. 자본소득과 친해져야 한다. 자본소득을 만드는 공부를 해야 한다. 자본소득이 나의 지출보다 많을 때 비로소 경제적 자유를 이룬 것이다. 그런 자본소득을 계속 늘려가야 하는 것이 목표다. 연봉을 끌어올리는 것에 집착하는 것보다 나를 대신해 줄 황금알을 낳는 거위를 많이 입양해야 한다.

경제적 자유는 내가 일을 하지 않아도 돈이 들어오는 구조를 만들어야 한다는 것이다. 한 달 내내 회사에서 일하고 얽매여서 월급을 받는 삶이 아니다. 자영업자로서 나의 시간과 에너지를 투입했을 때에만 돈이 들어오게 해서는 안 된다. 내가 아프다면 돈을 벌 수도 없다. 내가 일하지 않아도 돈이 쌓이는 구조 즉 시스템을 만들어야 한다.

그런데 문제가 있다. 자본소득을 구매하는 비용이 점점 더 비싸지고 있다는 것이다. 불과 4, 5년 전부터 부동산, 특히 아파트의 가격이 급등하기 시작했다. 이때 마음을 먹고 부동산을 내 것으로 만든 실거주자건, 투자자건 부동산을 매입해서 자본소득의 기회를 가진 사람들은 시세 차익으로 돈을 벌었다. 반면에 기회를 못 잡은 사람들은 주거환경 수준이 점점 더 낮아지고 있다. 부동산 매매가가 오른 만큼 임대가도 올랐기 때문이다. 이제는 서울에 있는 아파트를 사고 싶어도 쉽지가 않다. 강남 아

소액 경매 투자의 정석

파트는 이제 그들만의 리그가 되었다. 시간이 지날수록 양극화는 더 심해질 것이다. 있는 자는 더 부유해지고 없는 자는 더 빈민으로 몰락하게 된다.

또한 정부는 6·17 부동산 대책으로 대출과 세금을 규제하는 정책을 펴고 있다. 하지만 좀 더 면밀히 그 내부를 파고들다 보면 곳곳에 숨은 기회들을 찾을 수 있다.

풍선 효과가 그 대표적인 예다. 풍선의 한쪽을 누르면 그만큼 다른 쪽이 튀어나온다. 즉 어떤 한쪽의 문제를 해결하는 다른 부분에 문제가 생기는 현상이다.

이번 6·17 부동산 대책은 김포, 파주만 제외하고 수도권 전 지역을 규제지역으로 묶었다. 규제지역으로 묶이면 대표적으로 대출 레버리지 활용해서 부동산을 사는 것이 어렵다는 것이다. 수도권을 규제하니 규제지역이 아닌 파주, 김포로 수요자가 몰려서 그 지역에 아파트 가격이 상승하기도 했다. 파주는 입주 물량이 많았는데도 말이다. 실제로 김포, 파주 풍선 효과라는 말도 생겨나기도 했다. 이런 위기 속에서도 투자를 할 수 있는 안목을 기른다면 여전히 수익을 창출할 기회들이 많다.

처음에는 누구나 금수저가 아닌 이상 젊었을 때 가진 것 없이 회사에서 일을 시작하거나 자영업을 운영하면서 근로소득을 버는 것으로 시작한다. 그러나 근로소득은 내가 일하지 않으면 소득이 들어오지 않는다. 인생은 길지만 일할 수 있는 시간은 한정되어 있다. 대부분 50대 정년을 맞이해도 남은 50년을 더 살아야 한다. 그때 가서 치킨 가게를 차리거나 대리운전을 하는 인생은 무척 힘들 것이다. 한 번뿐인 인생 행복하게 살다 가야 하지 않을까? 준비되지 않았으면 누군가에게 종속되어서 평생 끌려 다니는 삶을 살다가 생을 마감해야 할 수도 있다. 그렇기 때문에 하루라도 빨리 경제적 자유를 꿈꿔야 한다.

내가 일하지 않아도 돈이 들어오는 자산을 소유하는 것만이 우리를 경제적 자유로 이끌어줄 것이다. 계속해서 돈이 들어오는 그런 자산을 늘려가는 것을 목표로 해야 한다. 나를 대신해서 돈을 벌어다 줄 황금알을 낳는 거위를 늘려야 한다는 말이다.

처음에는 황금알을 낳는 거위를 한 마리 만드는 것이 힘들 수도 있다. 경제적 자유로 가는 길 중에서 이 과정이 제일 힘들다. 처음에 종잣돈 만들기가 가장 힘들다고 한 번쯤은 들어봤을 것이다. 경제적 자유로 가는 길이 그리 호락호락하지가 않은 것이다. 그렇지만 황금 거위를 한 마리 가지겠다는 뚜렷한 목표와 간절함을 가지면 어떻게든 자신만의 방법을 찾게 되고 비로소 자산을 만들 수 있을 것이다.

그렇게 황금 거위를 한 마리 입양했다면 그 후에는 자신도 모르게 자신감이 붙게 될 것이다. 본업과 병행하면서 거위를 입양하는 내공 또한 쌓여갈 것이다. 두 번째 입양은 본인이 생각했던 것보다 훨씬 더 빠를 것이다. 그렇게 세 번째, 네 번째 황금 거위를 입양하다 보면 어느 순간 자산 증가에 속도가 붙기 시작하여 한층 여유로워진 자신의 모습을 볼 수 있게 될 것이다.

대부분 부동산에 투자한 자산가들은 10년 동안 10억 원을 벌었다고 해서 1년에 1억 원씩 번 것이 아니다. 첫해에는 1,000만 원을 벌었다면 그다음 해에는 3,000만 원, 3년째에는 6,000만 원, 그다음 해에는 1억, 3억, 5억, 8억…10억 원이 된다. 이렇게 부동산이 시간을 먹고 자라난 부다. 내가 일하지 않아도 돈을 만들고 벌어다 주는 황금알을 낳는 거위가 바로 이것이다.

일하지 않아도 나의 지출보다 더 많은 자본소득이 들어오게끔 지금부터 고민하고 공부하고 실행하길 바란다.

"내 가족을 지키고 싶은가?"
"하고 싶은 것을 하면서 살고 싶은가?"
"나의 발전을 위한 새로운 도전을 하면서 살고 싶은가?"
"남을 위한 인생이 아닌 나의 인생을 살고 싶은가?"

당신도 할 수 있다. 허황된 이야기가 아니다. 당신의 인생에서 가장 젊은 이 순간, 하루라도 빨리 황금알을 낳은 거위를 만드는 것에 집중하자. 내가 여행을 하는 동안에도, 내가 사랑하는 사람들과 시간을 보내도, 내가 쇼핑을 하고 있어도 돈을 벌어다 줄 황금 거위 말이다.

05

경매시장은 부동산 백화점이다

게으름에 대한 하늘의 보복은 2가지다.
하나는 자신의 실패이고 또 다른 하나는 자신이 하지 않은 일을 한
옆 사람의 성공이다.
-쥘 르나르-

부동산 경매시장에는 어떤 물건이 있을까? 없는 물건 **빼고** 다 있다고
해서 경매시장은 '부동산 백화점'이라 불린다. 경매 물건은 우리가 흔히
잘 알고 있는 주거용 부동산 아파트, 빌라, 오피스텔, 다가구, 상가를 비
롯한 토지, 공장, 허가받은 구역에서 고기도 잡고 광물을 캘 수 있는 어
업권과 광업권도 있다. 얼마 전에는 경비행기가 경매에 나온 것을 봤다.
그것을 보고 잠시 비행기를 타고 날아다니는 재밌는 상상을 했던 거 같
다.

지인 중 한 분은 경매를 통해 자동차를 샀다. 감정가 400만 원이었던
'라세티' 차량을 190만 원 단독 입찰로 190만 원에 사서 잘 타고 다닌다.

그냥 언뜻 보면 멀쩡한 1,000만 원짜리 차량 같다는 생각이 들었던 기억
이 있다.

2012타경26368 ·서울중앙지방법원 본원 · 매각기일 : 2015.03.12(木) (10:00) · 경매 8계(전화:02-530-1813)

소재지	서울특별시 종로구 묘동 53 외 2필지 [도로명검색] [지도] [지도]						
				오늘조회: 1 2주누적: 3 2주평균: 0 [조회동향]			
물건종별	근린시설	감정가	96,269,206,120원	구분	입찰기일	최저매각가격	결과
				1차	2014-06-26	96,269,206,120원	유찰
토지면적	2009.1㎡(607.753평)	최저가	(51%) 49,289,834,000원		2014-07-31	77,015,365,000원	변경
					2014-09-04	77,015,365,000원	변경
건물면적	15264.76㎡(4617.59평)	보증금	(10%) 4,928,990,000원		2014-11-13	77,015,365,000원	변경
매각물건	토지·건물 일괄매각	소유자	국제신탁(주)	2차	2014-12-18	77,015,365,000원	유찰
				3차	2015-02-05	61,612,292,000원	유찰
개시결정	2012-08-20	채무자		4차	2015-03-12	49,289,834,000원	
				낙찰 : 57,500,000,000원 (59.73%)			
사건명	임의경매	채권자	우리이에이제17차유동화전문 유한회사(우리은행의 양수인)외2	(입찰7명,낙찰: 차순위금액 56,100,000,000원)			
				매각결정기일 : 2015.03.19 - 매각허가결정			
				대금지급기한 : 2015.05.13			
				대금납부 2015.04.17 / 배당기일 2015.06.18			
				배당종결 2015.06.18			
관련사건	2013타경8404(중복), 2014타경27761(중복)						

종로에 위치한 국내 최초 영화관 '단성사'를 아시는가? 1907년도에 개
관을 해서 약 113년의 역사와 전통을 가진 곳이다. 이 단성사는 2015년
도에 감정가 962억에서 3번의 유찰 끝에 4번째 경매에서 575억에 낙찰
되었다. 감정가의 약 60%에 낙찰이 되었고 총 7명이 입찰했다. 단성사
는 한국 최초 영화관으로 자부심이 있었지만 '롯데시네마', 'CGV', '메가
박스' 등 멀티플렉스의 등장으로 경영난을 겪었다. 끝까지 역사와 전통
을 지키려고 했던 단성사는 시대 변화에 대응하기 위해 2005년 10층 건

물로 대대적인 리모델링을 하지만 2008년 금융위기를 맞으며 끝내 최종 부도 처리됐다.

경매 최고가 물건과 최저가물건은 얼마일까?

2018타경419　•전주지방법원 군산지원　•매각기일 : 2020.09.28(月)(10:00)　•경매 2계(전화:063-450-5162)

소재지	전라북도 익산시 신흥동 740-59 외 1필지 [도로명검색] [지도] [지도]					
물건종별	공장	감정가	282,967,066,350원	오늘조회: 5 2주누적: 298 2주평균: 21 [조회동향]		
				구분 / 입찰기일 / 최저매각가격 / 결과		
토지면적	95868m²(29000.07평)	최저가	(11%) 32,113,359,000원	1차 / 2019-12-30 / 272,959,047,350원 / 유찰		
				2차 / 2020-02-03 / 191,071,333,000원 / 유찰		
건물면적	101189.67m²(30609.875평)	보증금	(10%) 3,211,340,000원	/ 2020-03-09 / 133,749,933,000원 / 변경		
				3차 / 2020-04-13 / 133,749,933,000원 / 유찰		
매각물건	토지·건물 일괄매각	소유자	(주)넥슬론	4차 / 2020-05-25 / 93,624,953,000원 / 유찰		
				5차 / 2020-07-06 / 65,537,467,000원 / 유찰		
개시결정	2018-01-22	채무자	(주)넥슬론	/ 2020-08-17 / 45,876,227,000원 / 변경		
				6차 / 2020-08-24 / 45,876,227,000원 / 유찰		
사건명	임의경매	채권자	우리은행 외1	7차 / 2020-09-28 / 32,113,359,000원 /		
관련사건	2018타경100623(병합)					

본건전경 - 기호(1)　　본건전경 - 기호(1)

2020년 9월 법원 경매 최고가 물건을 검색해보니 무려 2,800억 원대의 매물이 나와 있다. 전북 익산의 한 공장이다. 현재 6회 유찰이 되어 감정가 대비 11%인 321억 원으로 가격이 확 내려가 있다. 약 90% 할인된 가격이니 엄청 저렴하지 않은가? 그렇지만 아무리 저렴해도 우리와는 크게 상관이 없을 거 같다.

반면에 가장 최저가 매물은 과연 얼마일까? 전북 정읍에 있는 땅이 매

　　　　　소액 경매 투자의 정석

물로 나와 있다. 4,990원에 2번 유찰이 되어 2,000원에 시작한다. 2,000만 원이 아니다. 2,000원이 맞다. 요즘 카페에서 커피 한잔 대신 땅을 살 수도 있는 것이다. 경매 사이트에 직접 들어가서 현재 가장 최고가와 가장 최저가 물건을 보기 바란다. 아마 '이런 물건도 있구나.'라는 생각에 경매에 흥미를 느끼실 수 있을 것이다.

경매는 부동산을 가장 저렴하게 살 수 있는 채널이다

법원에 가면 여전히 경매 투자를 하기 위해 모인 사람들로 북적거린다. 인천 법원의 경우에는 10시 이전에도 주차장에 차량이 가득 찬다. 시장 논리상 노동이 투여되면 가격은 저렴해진다. 이 논리는 어디에나 적용이 된다. 완성된 가구의 가격과 조립식 가구의 가격은 차이가 있다. 본인이 조립해야 하는 대신 가격이 저렴한 것이다.

경매도 마찬가지이다. 일반 매매보다는 경매가 훨씬 더 많은 시간과 노동력이 투입된다. 스스로 물건 검색과 권리분석을 하고 대부분 멀리서 아침 일찍 법원에 가야 하는 수고로움이 있다. 낙찰을 받으면 대출도 직접 알아보고 명도까지, 이 모든 수고로움이 가격에 투영된다. 법원에 가면 사람들로 북적이지만 사실 경매장에 투자자로서 입찰하러 온 자체가 그들만의 리그에 합류한 것이다. 부동산에 관심이 있는 사람 중에서도 경매를 하는 사람보다 안 하는 사람들이 훨씬 많다. 경매는 어려울 거라는 생각에 시도조차 안 하는 사람들이 대다수이다. 그래서 경매는 본인이나 다른 사람이 시세 조사, 미래가치를 제대로 조사하지 못해서 비싼 가격에 입찰하지 않는 이상 시세보다 저렴하게 입찰하는 사람들끼리의 경쟁이다. 다들 시세보다 저렴하게 입찰을 했으니 낙찰을 받는 사람도 시세보다 낮은 가격에 낙찰을 받게 되는 것이다.

경매를 아직 한 번도 해보지 않았다면 처음에는 주거용 물건에 입찰하시는 것을 추천한다. 상가는 수익률이 높을 수 있으나 그만큼 리스크도 크다. 오랫동안 공실 위험이 있을 수 있다. 그리고 상가는 입지에 대한 이해가 필요하다. 주거용 부동산을 하다 보면 자연스럽게 입지에 관한 공부를 할 수 있다. 그때 상가에 투자해도 늦지 않다.

소액 투자로 경매가 처음인 분들은 처음에는 1억 이하의 매물에 투자하는 것을 추천한다. 공실 기간 동안 대출 금액이 너무 많으면 이자에 대한 리스크도 있고 조바심을 느낄 수 있다. 1억 이하의 매물들은 5,000만 원의 대출을 받는다고 해도 한 달에 약 15만 원 정도 이자를 부담하면 된다. 주거용 아파트, 빌라, 오피스텔 같은 1억 이하의 매물로도 충분히 수익을 낼 수 있고 경매에서 가장 인기가 많은 가격대이기도 하다.

얼마 전에 나의 고객이 낙찰받은 물건을 임대 놓으면서 한 사이클을 마무리했다. 이 물건은 내가 물건 검색부터 입찰가 선정, 임대까지 처음부터 끝까지 컨설팅해준 물건이었다. 인천 부평구에 위치한 오피스텔이고 감정가 6,500만 원인 물건이었는데 5,650만 원에 낙찰을 받았다.

감정가	6,500만 원
낙찰가	5,670만 원
대출	4,550만 원
내 돈	1,120만 원(각종 세금 및 등기 이전 비용 제외)
보증금	300만 원 / 월세 35만 원(실투자금 820만 원)

최초 1년 거치 시(단위: 만 원)		1년 거치 후(단위: 만 원)	
월세(연 월세)	35(420)	월세(연 월세)	35(420)
대출이자 3.5% (연 이자)	13.3(160)	대출이자+원금분할 상환액(30년)	21(252)
월 수익(연 수익)	23.3(280)	월 수익(연 수익)	14(168)

낙찰가 5,670만 원에서 대출금과 보증금을 빼면 실투자금은 820만 원이다. 이 매물은 전세 세입자가 살고 있었는데 보증금을 '최우선 변제금액'으로 배당을 받는 분이었다. 못 받는 금액이 약 2,500만 원가량 되었다. 안타까운 마음이 들었지만, 그 세입자도 배당금을 받기 위해 낙찰자인 우리에게 최대한 협조를 해줄 수밖에 없었다. 이사는 배당금을 받은 돈으로 나가야 해서 낙찰자의 대리인인 나는 배당금을 받는 다음 날 이사를 부탁드린다고 했다. 배당을 받은 당일에 이사하기에는 무리가 있기 때문에 다음 날까지 기간을 배려해드리고 확정을 지었다. 그 전에 이사갈 집에 계약은 해놓으라고 했다.

며칠 후 전화가 왔다. 다른 집에 계약했는데 3개월 후에 입주해야 돼서 3개월 단기 계약을 하고 싶다고 했다. 그렇게 현재는 보증금 300만 원에 월 40만 원에 재계약을 했다. 공실 리스크도 줄일 수 있으니 집주인 입장에서는 좋은 제안이다. 원래 이 오피스텔의 시세는 보증금 300~500만 원에 월세 35만 원 정도 한다. 3개월 이후에는 새로운 세입자를 구해서 임대를 놓으면 되고 수익형 부동산은 내가 지불하는 이자의 최소 2배 이상은 넘어야 한다. 이 집의 이자는 약 13만 원에 2배를 곱하면 26만 원이기 때문에 이 집은 수익형 부동산으로 합격이다.

간단하게 또 하나의 사례를 보도록 하겠다. 이 매물도 내가 직접 물건 검색부터 명도까지 했던 물건이다. 앞의 오피스텔과 마찬가지로 소액으로도 투자가 가능하다는 것을 보여드리기 위한 사례이기도 하다.

감정가	1억 4,100만 원
낙찰가	1억 480만 원
대출	8,380만 원
내 돈	2,100만 원(각종 세금 및 등기 이전 비용 제외)
보증금	1,000만 원 / 월세 50만 원(실투자금 1,100만 원)

최초 1년 거치 시(단위: 만 원)		1년 거치 후(단위: 만 원)	
월세(연 월세)	50(600)	월세(연 월세)	50(600)
대출이자 3% (연 이자)	21(252)	대출이자+원금분할 상환액(30년)	36(432)
월 수익(연 수익)	29(348)	월 수익(연 수익)	14(168)

이 매물은 인천 부평구 십정동에 있는 빌라이다. 낙찰가 대비 80%의 대출을 받았고, 낙찰가 1억 480만 원에서 대출금과 보증금을 차감하면 실투자금은 약 1,100만 원 정도 들어간 매물이다. 이 매물은 금방 임대를 맞췄다. 명도를 하고 2일 만에 보증금 1,000만 원에 월세 50만 원에 임대를 맞췄다. 월 이자가 매달 나가기 때문에 임대를 빨리 맞추는 것이 중요하다. 이 매물도 이자 21만 원에 2를 곱한 것보다 더 많은 월세를 받기 때문에 좋은 수익형 부동산이라고 할 수 있다. 이 고객은 이렇게 여러 건을 낙찰받으면서 꾸준히 자본소득을 늘려가고 있다.

"좋은 부동산을 싸게 사라. 그것이 투자의 제1원칙이다."

좋은 부동산을 싸게 사는 것이 투자하는 데 가장 중요하다. 좋은 부동산을 비싸게 사면 사는 그 순간부터 리스크이다. 모든 것은 아니지만 대부분의 신축 빌라가 대표적인 사례이다. 하지만 좋은 부동산을 싸게 사면 총 3번의 수익 창출이 가능하다.

1. 현재 시세와 시세 차익
2. 보유 기간 동안 임대 수익
3. 매도 차익

경매는 부동산을 가장 저렴하게 살 수 있는 채널이다. 부동산 백화점이라 불리는 경매시장은 우리가 찾는 매물들이 다 있다. 수익을 낼 수 있는 물건도 상당히 많다. 소위 건물주라고 불릴 수 있는 다가구 주택은 거의 반값에 살 수 있는 것이 부동산 경매시장이다. 다가구 건물은 수익형 부동산의 꽃이라고 할 수도 있다. 그리고 아직도 블루오션이다. 지금도 충분히 다가구 건물로 임대 수익과 차익 실현이 가능하다. 나도 경매를 통해 다가구를 매입했고 소액 투자로 시작해서 비록 지방이지만 15세대 다가구 건물을 매입했고 전부 월세 임대를 통해 파이프라인을 만들었다.

"잠자는 동안에도 돈이 들어오는 방법을 찾아내지 못한다면 당신은 죽을 때까지 일해야만 할 것이다."

−워런 버핏−

우리가 일하지 않아도 돈이 들어오는 파이프라인 시스템을 만드는 것이 중요하다. 시스템을 만들지 않는다면 은퇴를 해서 일을 하지 않을 때에도 나가는 고정비용을 어떻게 충당할 것인가? 지금부터라도 시스템을 만드는 것에 집중해야 한다. 그런 면에서 부동산을 저렴하게 구입하고 대출 레버리지를 활용할 수 있는 부동산 경매 투자는 시스템을 만드는 방법 중 탁월한 방법이 될 것이다.

06

대출의 편견을 깨라

폭우를 예상하는 것은 중요하지 않다. 노아의 방주를 만드는 게 중요하다.
—워런 버핏—

10년 전까지만 해도 나는 대출에 대한 두려움이 있었다. 금융에 대해 정말 무지했다. 그 흔한 전세자금 대출도 잘 알지 못했다. 그냥 손에 쥐고 있는 돈으로만 활용해야 하는 줄 알았다. 가지고 있던 돈을 전세보증금으로 활용하기에는 마음에 드는 집이 없어서 월세로 이사를 한 적이 있었다.

그 시점에 대출을 받아서 아파트를 살 수 있는 기회가 있었다. 서울 광진구에 있는 아파트였는데 어머니 지인께서 본인이 살고 있는 그 아파트를 그 당시 시세보다 저렴하게 어머니와 나에게 매매하라고 권했다. 대출을 활용해서 말이다. 근데 전세자금 대출도 잘 모르고 받을 생각도 안

했는데 주택담보대출은 무슨 말인가? 그때 무주택이었던 우리 식구는 대출을 이용했다면 아파트를 구입할 수 있었지만, 결국 그 어떠한 대출 레버리지를 활용하지 않고 손에 쥐고 있는 보증금을 활용해서 신축 빌라로 이사를 했다.

현재 그 아파트는 그 당시 가격 대비 3억 이상 올랐다. 지금 생각하면 아쉬운 순간이긴 하지만 구옥에 좁은 집에서만 살다가 처음으로 신축 빌라 방 3개, 화장실 2개로 구성된 집에서 산다는 것이 마냥 행복했다. 그 땐 부동산에 대한 지식이 너무 부족해서 시행착오를 겪었던 시기다. 그 래도 시행착오지만 소중한 경험이었다. 그때의 경험들이 나의 부동산업에 큰 도움이 되기도 한다. 그 당시 대출 레버리지를 알았더라면 어땠을까? 상상해본다.

"레버리지를 활용하라!"

부동산 투자에 관심이 있는 사람들은 '레버리지', 즉 '대출을 활용해야 한다.'라는 이야기를 많이 들어봤을 것이다. 나도 이 생각에 완전히 동의를 한 지는 그리 오래되지 않았다. 레버리지가 가지고 있는 힘을 이해하는 것은 자본주의를 살아가는 지금, 돈에 눈을 뜨게 된 우리에게 진짜 필요한 내용이란 생각이 든다. 레버리지를 쉽게 이해할 수 있었고, 활용했던 실제 사례를 알아보도록 하자. 레버리지에 대해 조금은 막연했던 생각이 쉽게 정리가 되길 바란다.

'나는 열심히 일하며 살았는데 내 이름으로 된 집 한 채 없고, 집값은 이제 너무 많이 올라서 살 엄두가 안 난다.'

혹시 이런 생각을 해본 적이 있는가? "내 집 마련"을 위해 열심히 일하고 돈을 모았는데 막상 사려고 보니, 어느덧 집 가격은 훌쩍 올라가 있었던 경험이 있는가?

"대출은 위험하고 나쁜 것이다."

이렇게 대출의 안 좋은 인식 교육을 받고 자란 덕분인지 첫 집을 살 때 받게 된 주택담보대출을 늘 마음의 부담을 느끼는 분들이 참 많다. 먹고 싶은 것 안 먹고, 입을 것 안 입고, 아끼고 나눠 쓰며 그렇게 원리금을 상환하면서 열심히 살아간다. 목돈을 모아 대출 원금을 일부 갚으면 대단한 것이다. 그렇게 열심히 살아가고 있긴 한데 나의 삶은 전혀 나아지지 않았던 경험, 그 감정을 느낀 적이 있는가? 이 모두 내가 느낀 감정들이다. 악착같이 돈을 모아서 집을 사려고 보니 이미 그 집은 흔히 말하는 '넘사벽'이 되어 있었다. 그렇게 삶이 나아지지 않았던 이유는 빚은 나쁜 것이라고 받은 교육의 효과이자 또 그것을 너무나 착하고 성실하게 이행했기 때문이라고 생각한다.

경매로 건물을 매입한 전 농구선수 서장훈의 사례

전 농구선수 서장훈 씨는 '건물주', '건물 부자'라고 잘 알려져 있다. 서
장훈 씨는 2000년 2월 경매를 통해 28억 원의 건물을 낙찰받았다고 한
다. 건물은 서초동 양재역 2번 출구 바로 앞에 있다. 신분당선까지 더블
역세권을 끼고 있는 이 건물은 은행 대출 28억 원을 받고 임차보증금 5
억 원을 받아서 본인 자금은 3억 원이 들었다고 한다.

건물	28억 원
은행대출	20억 원
임차보증금	5억 원
본인자금	3억 원

28억 원의 건물을 사는 데 25억 원이란 빚을 활용해서 본인 자금은 3
억이 투입된 사례이다. 현재 그 건물의 가치는 매년 상상할 수도 없는 금
액으로 올라 지금은 약 230억 원 정도로 추정된다고 한다. 나는 이 이야
기를 듣고 '아 레버리지는 이렇게 활용을 하는구나.'라는 생각을 했다. 본
인 돈 3억으로 약 230억 원의 부를 만들어낸 사례이다.

서장훈 씨는 본인 돈 3억을 본인의 다른 대출을 갚는 데 사용할 수도
있었고, 은행 대출 20억을 받는다는 것 자체가 두려웠다면 이 건물이 경
매로 나왔을 때 입찰을 못 했을 것이다. 그러나 그의 선택은 빚(레버리지)
을 활용하여 미래가치가 있는 곳에 재투자를 한 점이다. 물론 그때의 3억

원은 지금의 3억 원과는 달리 엄청 큰돈이었을 것이다. 바로 그것이다. 그것이 화폐의 가치이다. 화폐의 가치가 급속도로 떨어지고 있고 열심히 돈을 모아서는 도저히 화폐 가치의 하락을 따라잡을 수 없다는 사실이다. 내가 아무리 돈을 열심히 벌어도 부동산이 오르는 가격을 따라잡을 수 없는 것처럼 말이다.

예전의 꿈꾸고 상상하던 1억 원을 지금의 1억 원과 비교해봤을 때 그 가치를 생각해보면 이해가 쉬울 것이다. '부자들이 절대로 대출금을 갚지 않는 이유'가 바로 이것이다. 그들은 빚을 활용하는 방법에 대해서 이미 알았던 것이다.

내 빚 = 내 신용

내 빚은 내 신용이다. 신용이 좋아야 은행에서도 대출을 많이 해준다. 신용이 좋지 않다면 대출을 전혀 해주지 않는다. 의사나 공무원들에게 대출이 잘 나오는 이유는 신용이 뒷받침되기 때문이다. 부자들은 본인의 신용으로 빚(레버리지)을 활용하여 미래가치가 있는 것에 투자를 선택했다. 서장훈 씨는 움직이지 않는 자산인 부동산을 사면서 현재의 가격으로 미래의 가치를 미리 구매한 것이다.

삼성전자, 현대자동차 같은 대기업들도 대출 레버리지를 활용하고 있다. 우리나라를 대표하는 두 회사는 50% 이상이 외국계 자본이다. 삼성

소액 경매 투자의 정석

전자는 매년 사상 최대의 이익을 내더라도 대출을 갚는 데 사용하지 않는다. 오히려 계속 대출을 받아서 더 큰 가치를 만들어낼 수 있는 것에 지속해서 투자를 한다. 이것만 보아도 알 수 있다. 이것이 '부자들이 대출을 절대 갚지 않는 이유'이자 대출 레버리지를 활용한 투자는 '신의 한 수'라는 생각이 든다.

무작정 대출을 받고 갚지 않아야 한다는 게 아니다. 소비를 위한 대출은 더더욱 아니다. 돈 공부를 해서 서장훈 씨처럼 자산을 늘릴 수 있는 '좋은 대출'을 일으켜 자산을 늘리는 데 고민을 해야 한다. 열심히 모은 종잣돈을 저축만 할 것이 아니라 종잣돈을 기본으로 하여 내 신용으로 레버리지를 활용할 줄 알아야 한다. 만약 공부가 아직 안 되어 있고, 시간이 오래 걸릴 것 같다면 전문가에게 도움을 받는 것도 좋은 대안이 될 수 있다.

레버리지는 꼭 돈만 한정 짓지 않는다. 직원을 고용해서 직원의 인건비보다 더 많은 돈을 버는 것도 레버리지다. 직원을 고용함으로써 그 회사의 회장은 시간을 벌 수 있다. 그 시간을 버는 것도 레버리지다. 그 확보한 시간을 더 부가가치가 있는 곳에 투자한다. 진짜 부자들은 남의 것! 즉 레버리지를 잘 활용할 줄 알기 때문에 부자가 될 수 있었다. 남의 것을 잘 활용함이 성공의 열쇠였다.

현재의 가격으로 미래의 가치를 살 수 있는 자본주의에 최적화된 사람이 되자. 이 글을 읽고 이 사실을 깨닫는 사람 모두 부자가 되었으면 하는 바람이다.

　이 글을 읽어도 아직 대출에 대한 두려움이 있을 수도 있을 것이다. 하지만 이미 부자들은 대출(레버리지)을 활용해서 크게 자산을 늘려가고 있다. 그리고 소액 투자를 할 수 있는 원동력도 레버리지의 힘이 크다. 순수 나의 자본 100%로 부동산 투자를 하면 좋겠지만 점점 다가갈수록 멀어지는 아파트 가격을 어떻게 하란 말인가? 과연 서장훈 씨가 그때 3억 원으로 건물을 사지 않았다면 지금의 230억 원의 건물을 살 수 있었을까? 부자들은 이미 남의 돈을 활용하여 자산을 늘려가고 있다는 사실은 한 번쯤 고려해볼 만한 충분한 가치가 있다고 생각한다. 나와 가족의 행복과 노후를 위해서 말이다. 저자는 부동산을 매입할 때 최대한 대출을 받을 수 있는 방법을 찾는다. 나의 자본이 최대한 투입되지 않고 수익을 창출하는 것이 좋은 부동산 투자이다.

07

생각의 전환이 당신을 부자로 만든다

젊을 때는 인생에서 돈이 가장 중요하다고 여겼다.
나이가 들고 보니 그것이 사실이었음을 알겠다.
-오스카 와일드-

경매에 관심을 갖게 되는 과정은 대부분 이렇다. 매달 들어오는 월급으로 생활도 하고, 여유가 있다면 소액의 저축도 하면서 크게 걱정 없이 살아간다. 그렇지만 어떠한 계기로 '월급만으로는 경제적·시간적 자유를 누릴 수 없다.'라는 사실을 인정하고 위기의식을 느끼게 된다. 그렇게 '나도 부자가 되고 싶다'는 생각을 하면서 주로 '유튜브'로 재테크 관련 영상, 돈을 많이 버는 방법을 찾아보게 된다.

그렇게 돈을 벌 수 있는 방법을 찾아보다가 누군가가 경매로 월세를 받으며 돈을 벌고 있다는 이야기를 듣는다. 그래서 월급 이외에 수익을 만들기 위해 소자본으로 할 수 있는 경매를 하기로 마음먹는다. 혼자 공부를 해보기도 하고, 경매 학원에 다니기도 한다. 하지만 막상 경매 공부를 시작해보니 '내가 정말 낙찰을 받고 수익을 낼 수 있을까?'라는 의문이 들기 시작한다. 많은 걱정과 고민으로 입찰 한 번 해보지 못하고 경매를 포기하는 경우도 다반사다.

우리가 어떤 일을 할 때 이뤄내기가 어려운 이유는 정말로 이뤄낸 내 모습이 명확하게 그려지지 않기 때문이다. 그 성과가 눈에 보이지 않기 때문이다. 만약 내가 하고자 하는 것의 성과가 명확하게 보인다면 어떨까? 답은 이미 정해져 있기 때문에 지금 하는 행동이 전혀 힘들지 않고 오히려 즐거움을 느낄 것이다.

예를 들어 2년 뒤에는 경매를 통해 부동산을 사서 월세를 받고 있는 내가 확실하다면 지금 하는 경매 공부에 집중하고 몰입할 수 있을 것이다. 2년 뒤에 영어 공부를 통해 입이 트이는 게 확실하다면 지금 영어 공부에 집중할 수 있을 것이다. 성공한 사람들이 쓴 책을 읽으면서 나도 그 사람처럼 부자가 된다는 것을 확신한다면 어떻게든 시간을 확보해서 독서에 집중할 것이다. 하지만 우리는 미래 모습을 확신하는 것이 불가능하므로 지금 내가 하는 행동에 집중과 몰입을 하기가 힘든 것이다.

목표를 구체화하라

경매 컨설팅을 하다 보면 경매를 하고자 하는 분들께서 어떻게 해야 물건을 빠르게 낙찰을 받고 수익을 낼 수 있을지 고민을 많이 한다. 가장 빠른 방법은 생각의 전환이다. '딱 한 달 안에 무조건 입찰 1건을 해보자.'라는 목표를 설정하는 것이다. 아직 시작하지 않고 계속 그 자리에 머무는 이유는 '무엇을 언제까지 해낼 것이다.'라는 목표를 명확하게 설정하지 않았기 때문이다. '무엇인가를 이루고 싶다면 그것을 간절히 바라고 목표를 명확하게 가져야 한다.'라는 말을 많이 들어봤을 것이다. 어찌 보면 너무나 당연한 말 같지만 원래 당연한 것에 진리가 숨어 있는 법이다. 목표가 명확하게 있는 사람과 없는 사람은 결국 결과에서 엄청난 차이가 나기 마련이다.

만약 설정한 목표 기간이 없다고 생각해보자. 현재에 집중과 몰입을 하기도 힘들 것이다. 목표 기간을 정한 것과 정하지 않았을 때 경매 물건을 찾는 집중력의 차이는 클 수밖에 없다. 의욕과 열정 또한 분산되게 될 것이다. 오늘 못하면 내일 해도 된다는 생각을 하고, 내일 못하면 모레 해도 된다고 쉽게 생각을 하게 된다. 당연히 낙찰을 받고 수익을 창출하기까지 오랜 기간이 걸리게 되고 나중에는 중도 포기까지 하게 되는 경우가 대다수이다. 투자할 경매 매물을 찾는 것을 즐기기 바란다. 찾으면 본인에게 맞는 물건은 분명히 나온다. 처음에는 지나쳤어도 다시 찾다 보면 물건이 보이는 경우가 많다.

경매 컨설턴트였던 나는 경매 사이트에 들어가서 물건을 찾는 것이 하루의 일과 중 큰 비중을 차지했다. 여러 고객에게 수익이 나는 좋은 물건을 추천해주기 위해서였다. 거의 하루도 빠짐없이 경매 물건을 찾았다. 매일매일 찾아야 많은 물건을 찾을 수 있고 물건이 많을수록 법원에 가서 입찰할 기회가 많아진다. 나는 컨설팅 의뢰를 받으면 거의 매일 법원에 갈 수 있게끔 하루 간격으로 물건을 찾아놓았다. 매번 입찰할 때마다 낙찰을 받는 것이 아니기 때문에 오늘 떨어지면 내일 또 입찰, 내일 또 떨어지면 그다음 날 또 입찰하게끔 물건을 최대한 하루 단위로 물건을 찾아냈다. 이렇게 계획을 짜놓으면 결국은 낙찰을 받는다.

컨설팅 의뢰를 받은 후에 입찰의 기간이 길어지면 의뢰자와 나의 열정이 점점 식거나 마음이 바뀌어서 입찰을 안 하는 경우도 있다. 그렇기 때문에 나는 매일 입찰하기 위한 많은 경매 물건들을 찾았다. 그런데 나는 경매 매물을 찾는 것이 너무 재밌었다. 낙찰된 아파트의 가격들을 보면서 대부분 경매는 일반 매매보다 저렴하게 낙찰을 받을 수 있으니 '이건 처음부터 얼마의 시세 차익이 발생하고 시작하네?' 같은 사례들을 보는 것도 나의 즐거움 중의 하나였다. 이렇게 경매 물건이 없는 것에 대한 걱정은 안 해도 된다. 무조건 물건은 찾으면 있다. 경매 물건을 찾는 것을 즐겨라. 부동산 공부는 증발하지 않고 쌓이게 된다.

딱 한 달 동안만 경매 물건을 찾아보는 것과 현장 조사에 집중하여 성과가 나는지 안 나는지 한 번 나에게 기회를 주자. 경제적 자유로 가는 나의 파이프라인을 만드는 데 한 달 정도는 한 번 도전해볼 가치가 있지 않을까? 그렇게 한번 해보면 '내가 할 수 있는지 없는지?', '어느 정도 성과가 나는지 안 나는지?' 최소한 판단이 서게 될 것이다. 적어도 한 달 안에는 어떤 성과든 확인해볼 수 있을 것이다. 그것이 낙찰이든, 본인의 내면의 성장이든 말이다.

경매로 부동산을 빠르게 낙찰을 받고 수익을 내려면 '내 자본금으로 지금 당장 할 수 있는 수익 물건을 찾아보는 것에 집중해보는 것'이다. 나의 소중한 시간을 특수 물건의 어려운 문제를 푸는 데 시간을 낭비하는 것이 아니라, 내가 지금 할 수 있는 '수익 물건'을 찾는 것에 시간을 집중적으로 사용해야 한다. 돈을 벌기 위해서는 돈과 시간이 필요하다. 돈과 시간 모두 있으면 너무 좋겠지만, 돈이 부족하다면 '시간'이란 자원을 쏟아부어야 한다. 이것이 경매 초보에서 벗어나 빨리 수익을 낼 수 있는 방법이다. '구체적인 목표'와 '데드라인'을 명확하게 정해서 실행하면 어떤 성과든 만들어낼 수 있다.

예를 들어 '지금 현재 날짜를 기준으로 앞으로 한 달 이내 당장 입찰할 수 있는 수익 물건 5개 이상을 찾아본다. 그리고 현장 조사할 가치가 있다고 생각이 들면 주말을 활용해 현장을 직접 가보자. 그중 가장 좋은 물건 1개를 정해 '무조건' 입찰해본다.' 이런 식으로 말이다.

"성공하고 싶으면 변해야 한다. 변하지 않으면 절대 성공하지 못한다. 변하려면 '어떻게, 내가'를 버려야 한다."

−천호식품 김영식 회장−

10년 전 산수유 CF로 유명했던 천호식품의 김영식 회장은 『10m만 더 뛰어봐』의 저자이기도 하다. 〈세바시〉에서도 15분 동안 강연을 한 영상이 있다. 한 번 찾아서 보면 동기부여가 될 것이다. 김영식 회장은 20만 원으로 시작해서 1년 만에 빚 22억을 다 갚았다고 한다. 부산에서 현금보유 100위 안에 들었던 사람이 완전히 망해서 도로에서 전단지를 돌릴 수밖에 없었다. 가진 돈은 100만 원, 직원들에게 나눠주고 나니 20만 원이 남았고 20만 원으로 할 수 있었던 방법은 직접 만들어서 돌리는 방법뿐이었다. '나 예전에 이랬던 사람인데 내가 전단지를 어떻게 돌려.'라고 과거만 생각했더라면 하지 못했을 것이다. 하지만 다 내려놓고 다시 시작하는 마음으로 강남역에서 직접 만든 전단지를 돌렸다. '6개월만 죽을 각오로 해보자.'라는 생각으로 도전했다. 결국 1년 안에 22억 빚을 다 청산하게 되었다.

김영식 회장은 성공하고 싶다면 변해야 하고, 목표를 설정해야 한다고 강조했다. 그리고 준비하라, 실천하라, 잠자기 전에 상상하라. "사람은 상상하는 대로 이루어질 수밖에 없다."라는 말을 남겼고 마지막으로 열정을 강조했다. 이처럼 김영식 회장뿐만 아니라 대부분의 성공한 사람의 책을 보면 구체적인 목표를 강조한다. 구체적인 목표를 갖고 말을 내뱉으면 행동으로 이어지게 되어 있고, 그 행동들이 모여서 작은 성과들을 만든다. 그 작은 성과들이 모여 내가 원하는 목표에 한 발짝 다가갈 수 있기 때문이다. 실행력도 중요하지만 실행력은 구체적인 생각에서부터

소액 경매 투자의 정석

시작하는 것이다.

목표를 구체화시켰다면 그다음부터는 부정적인 생각과 고민은 하지 말자. '무조건 나는 된다. 나는 잘하고 있다. 나는 성공한다.'라는 긍정적인 생각만 하면서 내가 정해놓은 목표를 향해 실행만 하면 된다. 딱 한 달간만 말이다. 그 정도로 집중과 몰입을 한다면 분명 좋은 성과가 나올 것이다. 사실 이렇게 한 달간 실행을 해본다면 비록 낙찰을 받지 못할지라도 분명히 훨씬 더 성장해 있는 '나'를 발견하게 될 것이다. 그 성과가 낙찰일 수도 있고 나의 성장일 수도 있기 때문이다. '인내는 쓰나 그 열매는 달다.'라는 말이 있다. 한번 본인 스스로에게 한 달간 기회를 줘보기 바란다. 내가 해내는지, 못 해내는지 말이다.

Real
Estate
Auction

2장

경매 투자는 선택이 아닌 필수이다

R e a l
Estate
Auction

경매, 유료 정보 사이트를 활용하라

빈곤은 인간으로서 수치스러운 일은 아니다.
그러나 지독하게 불편한 것이다.
−시드니 스미드−

경매 물건을 검색하는 가장 기본적인 방법은 대법원 경매 정보 사이트
(www.courtauction.go.kr)를 활용하는 것이다. 모든 경매 물건을 검색할 수
있고, 물건 위치, 다양한 데이터와 경매 지식을 볼 수 있다. 그리고 경매
를 직접 주관하는 곳이기 때문에 빠르고 정확한 정보를 제공한다. 대법
원 경매 정보 사이트의 가장 큰 장점은 무료라는 점이다. 따로 회원가입
을 하지 않아도 물건 검색을 할 수 있다.

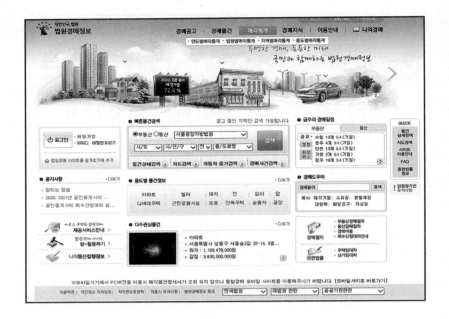

이러한 장점이 많은데도 불구하고 경매 투자자들은 왜 '굿옥션', '지지옥션', '스피드옥션' 같은 유료 정보 사이트를 이용할까? 아무래도 편한 것이 가장 큰 장점일 것이다. 부동산을 조사할 때 필요한 서류들을 무료로 열람할 수 있고, 사이트가 더욱 직관적으로 되어 있어서 보기 편리하다. 가장 중요한 것은 여러 가지 편리함으로 인해 시간과 에너지를 아낄 수 있다는 점이다. 경매에서 가장 중요하다는 권리분석을 어느 초보자도 쉽게 알아볼 수 있게 정리되어 있다.

이렇듯 유료 경매 사이트는 여러 가지 장점이 있다. 그 장점들을 알아보고 장점을 활용하지 못해 직접 겪어봤던 시행착오를 줄이는 방법에 대해서 조금 더 자세하게 알아보자.

소액 경매 투자의 정석

유료 경매 사이트의 장점

첫 번째는 부동산 서류 3종 세트 열람이다. 유료 경매 사이트를 이용하는 가장 큰 이유가 아마 서류를 무료로 볼 수 있는 점이 아닐까 싶다. 3종 세트 서류는 '등기부등본', '건축물대장', '전입세대 열람내역서'다. 이 3가지는 부동산 투자를 하는 사람들이라면 다 한 번씩 보고 발급도 받아봤을 것이다.

권리분석의 기초가 되는 서류는 단연 등기부등본이다. 등기부등본의 경우는 열람용과 발급용이 있다. 각각 700원, 1,000원이다. 사실 이 2가지는 큰 차이가 없고 내용이 다른 것을 본 적이 없지만, 열람용은 법적 효력이 없고 발급용은 법적 효력이 있다는 것이 차이점이다. 그래서 보통 열람만 할 것이라면 열람용을 봐도 무방하지만, 직접 부동산 거래를 할 시에는 발급용을 발급받아야 한다.

'전입세대 열람내역서'는 인터넷 발급이 안 되고 직접 방문을 해서 발급받아야 한다. 관할이 아닌 가까운 주민센터 어디에서나 경매 사건을 프린트해서 제출하면 발급이 가능하다.

건축물대장은 인터넷으로 발급이 가능하다. 건축물대장을 열람하는 것은 굉장히 중요하다. 크게 위반건축물 여부를 확인하는 것과 건물의 용도를 재확인할 때 필요하다.

유료 경매 사이트에는 위반건축물 매물은 '위반건축물'이라고 표기되어 있다. 간혹 안 되어 있는 경우도 있으니 재확인이 필요하다. 위반건축물은 투자를 안 하는 것이 좋다. 일부로 사람들이 입찰을 잘 안 하는 것을 노려서 입찰을 받는 경우가 있는데 일단 대출이 잘 안 나올 수 있다. 그리고 되팔기가 어려울 수가 있다. 결론적으로는 위반건축물은 정말 본인이 영원히 실제 거주를 할 용도가 아닌 이상 추천하지 않는다.

이런 적이 있었다. 경매 물건으로 오피스텔이 나왔다. 실제로 내가 입찰을 했던 물건인데 그 물건은 오피스텔이 아니라 도시형 생활주택이었다. 오피스텔과 도시형 생활주택은 외관상 똑같아서 구별이 어렵지만, 취득세율의 차이와 오피스텔은 주택 수에 포함이 안 되고, 도시형 생활주택은 주택 수에 포함이 됐다. 그 건물은 특이하게도 한 층에 오피스텔과 도시형 생활주택이 공존하는 건물이었다. 1~4호까지는 오피스텔이고 5~8호까지는 도시형 생활주택인 방식이었다. 그렇게 건축물대장을 확인하지 못했다면 오피스텔이라고 생각해서 입찰하지 않았을 것이다.

유료 경매 사이트의 장점 두 번째는 말소기준권리와 임차인 내역을 쉽게 파악할 수 있도록 권리들을 정리해서 보여주므로 초보자도 기본적인 권리분석을 쉽고 빠르게 할 수 있다는 것이다. 경매 투자에 익숙한 사람들은 유료 경매 사이트의 중요성을 잘 알 것이다. 1분 안에 권리분석이 가능해서 짧은 시간 내에 여러 물건을 열람할 수 있다. 만약에 이런 편리한 서비스가 없다면 등기부등본을 일일이 발급받느라 피로감이 몰려올 것이다. 10개 물건을 볼 것을 5개도 못 볼 수도 있다.

이렇게 유료 경매 사이트는 편리함을 제공하여 이용자는 시간과 에너지를 절약할 수 있다. 일일이 등기부등본과 전입세대 열람증명서, 건축물대장을 뽑고 확인해야 한다고 상상하면 끔찍하다. 비용이 조금 부담이 될 수 있다. 나 같은 경우 '굿옥션'이라는 유료 경매 사이트를 1년 단위로 이용하고 있다. 지역을 한정해서 보거나 1개월, 3개월, 6개월, 12개월 단위로 선택을 할 수도 있는데 1년 동안 전국을 볼 수 있는 요금이 92만 6,000원이다. 나는 처음에 '굿옥션'의 가격을 보고 헉! 소리가 나왔던 기억이 있다. 돈이 없어서 시작한 경매인데 계속해서 돈이 들어갈 일만 생기니 이게 뭔가 싶었다.

처음에는 90만 원이 넘는 금액을 쉽게 결제할 수가 없었다. 그래서 최대한 무료를 알아보는 방법을 총동원했다. 굿옥션, 스피드옥션에서 진행하는 1개월 무료 이용권도 사용한 적이 있다. 어느 날 신한은행에서 나온 프로그램이 적금을 들면 6개월 무료라서 일부러 적금을 들고 이용한 경험도 있다. 그렇게 끈질기게 무료를 이용하면서 '경매로 돈 벌어서 꼭 아무 고민 없이 굿옥션 결제한다.'라고 속으로 다짐하면서 칼날을 갈았다. 그리고 신한은행 6개월 무료 기간이 끝나기 전에 경매 투자로 수익이 난 돈으로 굿옥션 1년 가입비를 기분 좋게 결제했다.

유료 경매 사이트의 장점 세 번째로는 동일 번지 매각 물건의 낙찰 사례를 볼 수 있다는 것이다. 검색하면 지금까지 동일 번지에서 낙찰이 되었던 사례가 다 나온다. 실제로 입찰가를 분석할 때 아주 유용한 참고 자료로 쓰인다. 그 단지 내에서 경매 사례가 많고 가격이 비슷하다면 입찰도 그 가격대로 적어내야 낙찰될 가능성이 높다.

　오늘 입찰을 진행한 인천에 아파트가 있다. 감정가는 1억 5,000만 원 아파트가 있고 한 번 유찰이 되어 1억 500만 원부터 입찰할 수 있었다. 근데 이 아파트에서 몇 개월 전에 다른 호실이 경매에서 1억 3,800만 원에 낙찰된 사례가 있었다. 오늘 나온 아파트는 얼마에 낙찰되었을까? 1억 3,500만 원대에 낙찰되었다. 과거 사례를 통해 비슷하게 적어낸다면 낙찰 가능성을 높일 수 있다. 사실 가격이 비슷하거나 올랐어야 하는데 내려간 이유는 6 · 17 부동산 대책으로 인천도 규제지역으로 묶여서 대출 한도가 낮아져서 그런 것 같다. 그래도 여전히 경매시장은 뜨겁다. 아직 경매 입찰 경험이 없다면 평일에 시간이 된다면 인천, 부천 법원에 와서 경매시장의 뜨거운 현장을 느껴보길 바란다. 부동산 투자 열기는 언제나 뜨겁다. 그 뜨거운 열기에 자극받고 경매를 시작하기 바란다. 위기 속에 항상 기회는 있다.

　유료 경매 사이트의 마지막 장점은 아파트 실거래가, 네이버 지도, 로드뷰와 연계되어 있어서 이런 유용한 프로그램을 손쉽게 이용할 수 있다는 것이다. 그중에 가장 활용도가 높은 것은 단연 네이버 지도와 로드뷰이다. '부동산은 입지가 제일 중요하다.'는 말이 있다. 지도로 매물을 확인하지 않고 부동산을 사겠다는 생각은 있을 수 없는 일이다.

　부동산 투자를 한다면 로드뷰를 사용하지 않는 사람은 없을 것이다. 나 같은 경우에는 마음에 드는 물건이 있다면 로드뷰로 그 물건의 주변을 구석구석 본다. '내가 그곳을 걷고 있다.'는 생각으로 돌아다닌다. 로드뷰에 재미있는 기능이 하나 더 있다. 8년 전 모습까지 볼 수 있는 기능이다. 8년 전까지 볼 수 있는 이 기능의 쓰임새는 다양하다. 대표적으로 한 가지 예를 들자면 나는 상가 매물을 볼 때 주로 이용을 한다. 어떤 상가 매물이 있다면 1년 전, 3년 전, 5년 전, 그 상가의 과거 모습을 쭉 본다. 만약에 그 상가가 자주 업종이 바뀌고, 주인이 바뀌었다면 그 상가는 그렇게 장사가 잘된다고 볼 수 없는 상가이다.

요즘은 인터넷으로 부동산 투자에 도움이 되는 각종 프로그램과 정보들을 쉽게 볼 수 있다. 발품을 팔아야 얻을 수 있던 정보들을 이제는 쉽고 빠르게 활용할 수 있게 됐다. 그만큼 시간과 에너지를 아낄 수 있다. 요즘 돈보다 시간의 소중함을 더 느낀다.

"나는 앞으로 경매를 시작하려 한다."
"나는 앞으로 경매 투자자로서 나아갈 것이다."

나는 앞으로 경매 투자를 할 것이라고 마음먹었으면 유료 경매 사이트를 이용하는 것은 필수이다. 무료 사이트는 한계가 있다. 특히 경매 초보자분들은 3개월 정도라도 꼭 결제해서 이용하기 바란다. '소탐대실'하지 말자. 하나의 투자라고 생각하자. 이용료를 투자해서 나는 경매로 몇백 배의 수익을 낼 것이라고 목표를 갖자. 아주 구체적으로 말이다. 진심으로 말하는데 꿈은 이루어질 것이다.

경매 절차 한눈에 살펴보기

살다 보면 흔히 저지르게 되는 2가지 실수가 있다.
첫째는 아예 시작도 하지 않는 것이고, 둘째는 끝까지 하지 않는 것이다.
－파울로 코엘료－

부동산 경매 투자자라면 부동산 경매가 무엇인지 어떤 절차대로 진행이 되는지 알아둬야 올바른 투자를 할 수 있다. 절차를 알아두면 각각 절차의 상황마다 변수가 생겼을 때 어떻게 대처하고 해결할지 경매의 흐름을 알면 판단을 하기가 쉽다. 초보자일수록 부동산 경매 절차를 통해 경매의 흐름을 파악할 줄 알아야 하는 것이 우선이다.

먼저 한눈에 보기 쉽게 정리된 표를 보고 하나씩 살펴보자.

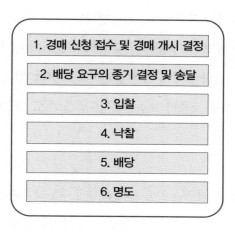

1. 경매 신청 접수 및 경매 개시 결정

2. 배당 요구의 종기 결정 및 송달

3. 입찰

4. 낙찰

5. 배당

6. 명도

경매 절차 1. 경매 신청 접수 및 경매 개시 결정

부동산 경매 절차의 시작은 채권자(돈을 빌려준 사람)가 채무자(돈을 빌린 사람)에게 돈을 받기 위해 법원에 경매 신청을 하면서 시작이 된다. 이때 채권자가 은행이라면 간단하게 경매 신청이 가능하다. 보통 집주인이 집을 사면서 대출을 받을 때 서류를 작성한다. 그 서류에 서명 또는 날인을 하는데 그때 그 서류에는 대출 이자를 어느 기간 동안 미납 시 경매 신청에 동의한다는 조항이 있다. 이처럼 은행이 근저당으로 경매 신청을 하는 것을 임의경매라고 한다. 혹은 채권자가 은행이 아닌 개인이라면 먼저 소송을 한 뒤 판결을 받고 난 후 그 판결문으로 경매 신청을 하는 경우가 있는데 이를 강제 경매라고 한다. 임의 경매와 강제 경매는 절차상의 문제이니 입찰을 하는 투자자한테는 크게 상관이 없다.

법원은 채권자들이 제출한 서류들을 검토한 후 경매 진행 여부를 결정한다. 법원이 경매를 진행하기로 결정했다면 해당 부동산을 압류하는 경매 개시 결정을 하고 그 부동산은 경매 예정 물건이 된다. 이후 이 집의 등기부등본을 열람하면 경매 예정 물건이라고 적혀 있다. 이런 부동산에 임대차 계약을 하면 소중한 보증금을 못 받을 수도 있으니 신중하게 살펴야 한다.

이때부터 법원은 이 부동산을 경매시장에 내놓기 위해 여러 조사를 하는데 대표적으로 현황조사서, 감정평가서, 매각물건명세서를 작성하기 위한 조사를 한다.

현황조사서는 집행관, 혹은 집행관 사무원이 부동산의 기본정보, 부동산 현황, 점유 관계, 임대차 관계조사서로 이루어져 있다.

감정평가서는 감정평가사가 해당 부동산을 조사하여 가치를 평가하고, 가격을 결정하는데 이것을 감정가라고 한다. 경매의 최초 시작 가격이 결정되는 것이다.

매각물건명세서는 위 문서와 등기부등본의 중요한 내용을 요약, 정리한 서류라고 보면 된다. 이 매각물건명세서는 경매 입찰 전 꼭 체크해서 봐야 할 서류로 뒤에서 따로 더 자세히 다룰 것이다.

경매 절차 2. 배당 요구의 종기 결정 및 송달

배당 요구의 종기는 말 그대로 배당 요구 마감일이라고 보면 된다. 채권자들은 이 마감일까지 배당 요구를 해야 배당을 받을 권리가 생긴다.

법원은 경매 진행 과정을 이해관계인에게 우편으로 알려주는데 이것을 송달이라고 한다. 이해관계인은 경매 신청 채권자, 그 밖에 채권자, 채무자, 세입자 등이 있다. 낙찰자는 낙찰 후에 이해관계인이 된다.

경매 절차 3. 매각기일(입찰)

매각기일은 입찰이 진행되는 날이다. 관심이 있는 매물이 있다면 해당 물건을 관할하는 법원에 입찰하러 가면 된다. 여기서 해당 법원은 제주도에 있는 부동산이면 제주법원, 부산 매물이면 부산법원으로 가야 한다. 보통 부동산 시세보다 저렴하게 낙찰을 받을 수 있다. 낙찰을 받으면 영수증을 받고, 아무도 입찰을 하지 않은 물건은 유찰이 되어 감정가 대비 20~30% 할인된 가격으로 약 한 달 후에 다시 경매로 나온다.

패찰은 입찰 금액으로 쓴 가격이 최고가매수신고인(낙찰자)보다 가격이 낮아서 낙찰받지 못한 경우를 말하는데 이때에는 그 자리에서 보증금을 받는다.

경매 절차 4. 낙찰

낙찰을 받아본 분들은 아실 텐데 본인이 처음으로 낙찰이 되어 이름이 불리면 굉장히 당황스러우면서 마치 여러 경쟁자를 물리치고 승자가 된 기분이 든다. 그리고 이게 잘한 게 맞나? 두렵기도 하고 오만 가지 생각이 머릿속을 스칠 것이다.

집행관은 가장 높은 금액을 적어 낸 낙찰자와 차순위매수신고인을 부른다. 차순위매수신고인은 2등이라고 알고 있는 분들이 많은데 무조건 2등이 차순위매수신고인이 아니라 낙찰가에서 입찰 보증금을 뺀 가격보다 높게 입찰한 입찰자들 모두 차순위매수신고인이 될 수 있다.

낙찰가 - 입찰 보증금

예를 들어 감정가 1억, 보증금은 1,000만 원인 물건이 1억 1,000만 원에 낙찰이 됐다면? 낙찰가 1억 1,000만 원에서 보증금 1,000만 원을 뺀 1억 원 이상으로 입찰했다면 차순위매수신고인이 될 수 있다.

경매 절차 5. 배당

낙찰을 받았다 하더라도 총 2주를 기다려야 한다. 낙찰 후 1주일은 이의가 있는 이해관계인은 매각 불허가신청을 할 수 있는 기간이다. 또한 낙찰자의 결격 사유나 경매 매각 절차상의 하자 여부가 있는지 심사를 하는 기간이기도 하다. 1주일 동안 아무 문제가 없으면 매각허가결정이 되고 이후 1주일 동안 이의 신청이나 즉시 항고가 없다면 비로소 매각허가확정이 되면서 보통 4주 전후로 잔금 납부 기일이 정해진다. 잔금납부가 되고 난 후 4주 전후로 배당기일이 정해진다.

배당을 받을 채권자와 임차인은 법원에서 배당을 받고 이렇게 경매 일정은 마무리되어 경매 사건은 마무리된다.

경매 절차 6. 명도

경매의 일정은 끝났지만, 매수인이 된 낙찰자에게는 명도까지 끝나야 진정한 종결이라고 할 수 있다. 잔금을 납부했다면 그 즉시 소유자가 된다. 명도는 각자 노하우가 있을 텐데 갑의 입장에서 너무 갑질로 상대방의 마음을 더 아프게 하는 것은 피해야 하며, 본인의 피해는 감수하지 않는 선에서 배려할 부분은 배려해주면서 지혜롭게 명도를 하는 것이 바람직하다. 명도 노하우는 3장에서 조금 더 자세히 알아보도록 하겠다.

지금까지 경매 신청 단계부터 전체 절차가 완료되기까지 과정을 살펴보았다. 이 기간은 대략 6개월 정도 걸린다. 경매 유찰이 되면 더 오래 걸릴 수도 있다. 생소한 용어 때문에 어렵게 느껴질 수도 있지만 대략 이렇게 진행이 된다고 가볍게 이해 정도만 하면 된다. 경매를 하다 보면 자연스럽게 알게 될 내용이다.

03

1분 권리분석_등기부등본

길을 가다가 돌이 나타나면 약자는 그것을 걸림돌이라고 말하고,
강자는 그것을 디딤돌이라고 말한다.
−토마스 칼라일−

부동산 경매에서 제일 어렵다고 말하는 권리분석을 쉽고 간단하게 할
수 있는 방법을 알려드리고자 한다. 권리분석을 몇 주에 걸쳐서 교육하
기도 한다. 그렇게 되면 배우는 입장에서 '경매는 쉬운 것이 아니구나.'라
고 생각하는 경우가 많다. 하지만 권리분석은 어렵지 않다. 서류 한 장을
간단하게 확인하는 것으로 권리분석을 할 수 있다. 단 1분 안에 말이다.
우리는 어렵게 권리분석을 공부할 필요가 없다. 실용적인 부분만 알고
그것을 활용하면 된다. 몰라도 되는 것에 파고들어 시간을 낭비할 필요
가 없다. 그 시간에 돈이 되는 다른 물건을 하나 더 찾는 것이 낫다. 그동
안 어렵게 배웠던 권리분석을 전부 깨끗하게 잊어버려도 좋다. 아주 쉽

고 빠르게 권리분석을 하는 방법을 알려드리겠다.

지금껏 어렵게 배운 권리분석! 하나도 어렵지 않다

권리분석이란 경매를 통해 부동산을 낙찰받기 전 낙찰자가 낙찰대금 이외에 추가로 인수해야 하는 권리가 있는지를 여부를 확인하기 위한 절차이다. 권리분석을 하기 위해서 기준이 되는 권리를 찾아내어 그 이전 권리는 인수되고 그 이후 권리는 말소된다. 이때 인수되는 권리와 말소되는 권리를 구분해야 하며, 낙찰 후에도 소멸하지 않는 권리는 낙찰자에게 인수된다고 정의할 수 있다.

쉽게 말해서 '낙찰금만 내면 되는가?' 혹은 '낙찰금 외에 추가로 보증금을 물어줘야 하는가?'를 파악하기 위해 하는 것이 바로 '권리분석'이다. '이것을 내가 할 수 있을까?' 그렇다. 핵심만 알면 전혀 어렵지 않다. 권리분석은 크게 '등기부 권리분석'과 '임차인 권리분석' 2가지를 확인하면 된다.

권리분석의 전부
1. 등기부 권리분석
2. 임차인 권리분석

등기부등본(등기)을 누구나 한 번쯤은 다 발급을 받아봤을 것이다. 등

기는 사람으로 치자면 호적등본 같은 것이다. 이 등기상에 표시된 물건이 어떤 종류인지, 아파트인지, 빌라인지, 토지는 몇 ㎡인지, 평수는 몇 평인지, 소유자는 누구인지, 은행으로부터 대출은 받았는지, 내가 채권자에게 돈을 빌려서 채권자가 내 등기에 가압류를 걸어놨는지, 세금을 미납해서 국가로부터 압류가 걸려 있는지 이런 것들을 나타내주는 호적등본 같은 것이다.

대부분 부동산이 경매로 넘어가면 등기에 내용이 많아진다. 우리가 보통 집을 살 때 은행에서 대출을 받아서 집을 구매한다. 그때 은행이 그 집을 담보로 빌려준 돈을 등기부에 기록하는데 그것을 근저당권이라고 한다. 등기부를 발급받아 보면 그 집의 근저당권의 금액과 날짜를 확인할 수 있다. 대출이자를 갚지 못하면 은행은 그 집을 경매로 넘기게 된다. 그렇게 됐을 때 내가 은행에서 대출을 받은 근저당권을 기준으로 다른 권리들이 소멸될 것인지, 아니면 인수할 권리들이 있는지 분석하는 것이 등기부 권리분석이라고 한다.

낙찰받은 집에 임차인이 있다면 임차인의 보증금은 얼마인지, 내가 낙찰을 받았을 때 임차인의 보증금을 떠안아야 하는지의 여부를 분석하는 것을 임차인 권리분석이라고 한다. 이 등기부 권리분석과 임차인 권리분석 2가지만 확인하면 권리분석은 끝이라고 봐도 무방하다.

권리분석은 '매각물건명세서' 하나로 끝!

등기부 권리분석을 쉽게 하는 방법은 매우 간단하다. 보통 우리는 권리분석에 대해 '말소기준권리의 종류인 압류, 가압류, 저당권, 근저당권, 담보가등기를 외우고 이 권리들 가운데 가장 빠른 말소등기를 찾는다. 그것이 말소기준권리이니 그보다 먼저 설정된 권리는 인수해야 하고 그 후 설정된 권리는 소멸된다.'라고 배운다.

선순위 전세권이 말소기준이 될 수 있는지, 임차권이 될 수 있는지, 이런 식으로 복잡하게 배우게 되는데 등기부 권리분석의 핵심은 그것이 아니다. 단 1분도 아닌 5초 만에 권리분석을 할 수 있다. 바로 '매각물건명세서'라는 서류가 있는데 그 서류가 안내하는 대로 따라가기만 하면 된다.

매각물건명세서는 법원에서 경매에 입찰하려는 사람들을 위해 입찰하고자 하는 부동산에 대한 정확한 정보를 제공하기 위해 만들어진 서류이다. 매각물건명세서는 권리분석에 필요한 정보들이 다 들어 있다. 만약 잘못된 정보로 낙찰을 받은 사람이 손해를 입는다면 매각 불허가 신청으로 경매를 취소할 수도 있다. 매각물건명세서는 권리분석에 필요한 모든 정보가 다 있다.

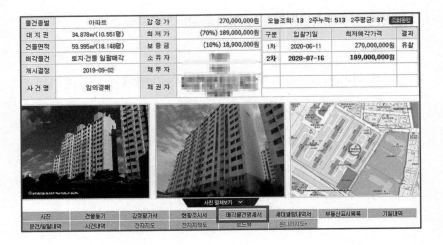

앞서 권리분석은 '등기부 권리분석'과 '임차인 권리분석,' 2가지를 확인

하면 권리분석은 끝이라고 말했다. '매각물건명세서'만으로도 등기부와

임차인, 2가지의 모든 권리분석을 하는 방법을 알아보자. 먼저 등기부상

의 권리분석은 빨간 테두리를 보면 바로 알 수 있다. 빨간색 테두리에는

'등기된 부동산에 관한 권리 또는 가처분으로 매각으로 그 효력이 소멸하지 아니하는 것'이라고 적혀 있는데 공란으로 되어 있다면 '소멸하지 않은 것이 없다'는 말이다. 조금 더 친절한 법원에서는 '해당 사항 없음'이라고 기재해주기도 한다.

결론적으로 이렇게 공란이라면 은행의 근저당, 채권자의 가압류, 세금의 미납으로 압류 등 다른 여러 가지 권리가 전부 소멸해서 낙찰자가 인수하는 것이 단 하나도 없다는 말이다. 여기까지가 등기부 권리분석의 끝이다. "이렇게 간단한 거였어?"라고 할 수도 있는데 이렇게 간단한 것이 맞다. 모든 것의 핵심은 간단한 것인데 복잡하게 배우면 어렵고 경매 사고, 즉 보증금을 상실할 위험도 커질 수 있다. 앞으로는 빨간색 테두리 안이 공란으로 되어 있거나 '해당 사항 없음'으로 기재된 물건을 꼭 확인하자.

다음 장에서 알아볼 임차인 권리분석도 '매각물건명세서'로 확인이 가능하다. '임차인의 보증금을 인수해야 하는가?'의 여부를 알 수 있다. 경매는 알고 보면 정말 쉽다. 이렇게 매각물건명세서 한 장에서 등기부, 임차인의 권리를 인수하지 않는 물건만 찾고 조사하고 입찰하면 되는 것이다.

등기부 권리분석 인수할 권리가 있는 사례

매각물건명세서

사 건				매각 물건번호	1	작성 일자	2020.06.25	담임법관 (사법보좌관)		
부동산 및 감정평가액 최저매각가격의 표시		별지기재와 같음		최선순위 설정		2020.2.5.개시결정		배당요구종기		2020.04.20

부동산의 점유자와 점유의 권원, 점유할 수 있는 기간, 차임 또는 보증금에 관한 관계인의 진술 및 임차인이 있는 경우 배당요구 여부와 그 일자, 전입신고일자 또는 사업자등록신청일자와 확정일자의 유무와 그 일자

점유자 성 명	점유 부분	정보출처 구 분	점유의 권 원	임대차기간 (점유기간)	보 증 금	차 임	전입신고 일자, 사업자등록 신청일자	확정일자	배당 요구여부 (배당요구일자)
소실역		현황조사	주거 임차인				2013.07.25		

〈비고〉
소실 수대항력 있는 임차인임

※ 최선순위 설정일자보다 대항요건을 먼저 갖춘 주택·상가건물 임차인의 임차보증금은 매수인에게 인수되는 경우가 발생 할
수 있고, 대항력과 우선변제권이 있는 주택·상가건물 임차인이 배당요구를 하였으나 보증금 전액에 관하여 배당을 받지 아니한
경우에는 배당받지 못한 잔액이 매수인에게 인수되게 됨을 주의하시기 바랍니다.

등기된 부동산에 관한 권리 또는 가처분으로 매각으로 그 효력이 소멸되지 아니하는 것

갑구 순위26번 가등기(2017.6.26. 등기)는 매각으로 소멸하지 않고 매수인에게 인수됨

매각에 따라 설정된 것으로 보는 지상권의 개요

비고란

이번에는 등기부 권리분석에서 인수할 권리가 있는 사례이다. 빨간색 테두리 안에 '등기된 부동산에 관한 권리 또는 가처분으로 매각으로 그 효력이 소멸하지 아니하는 것'을 보면 '갑구 순위 26번 가등기는 매각으로 소멸하지 않고 매수인에게 인수됨.'이라고 적혀 있다. 이렇게 인수해야 할 사항들이 있으면 공지를 해준다. 여기서 가등기가 뭔지 몰라도 된다. 중요한 것은 낙찰을 받으면 잔금을 내고도 소유권을 상실할 수 있는 위험이 있는 물건이라는 것이다. 이렇게 위험 부담이 있는 물건들은 법원에서 매각물건명세서를 통해 공지해주는데 이런 물건은 초보자라면 절대로 입찰해서는 안 된다. 빨간 테두리에 '등기된 부동산에 관한 권리

또는 가처분으로 매각으로 그 효력이 소멸하지 아니하는 것'을 확인하여 공란이나 '해당 사항 없음'으로 기재된 물건만 골라서 입찰하자. 그것이 정신건강에 좋고 부동산 경매 투자를 오래할 수 있는 지름길이다.

경매를 여러 차례 해보면서 경험이 쌓이다 보면 '법적으로 조금 복잡한 물건을 한번 해보고 싶다.'는 생각이 들 것이다. 그런 물건들을 특수 물건이라고 한다. 법적으로 복잡해서 경쟁을 덜 할 만한 것들 말이다. 경쟁이 덜하면 아무래도 더 싸게 받을 수 있기 때문이다.

하지만 권리 관계가 복잡한 특수 물건들은 본인이 경제적 · 시간적 자유를 누리고 있는 사람이라면 도전해보기 바란다. 법정지상권, 유치권, 분묘기지권처럼 이런 특수 물건을 공략해서 수개월 동안 법정 싸움을 하면서 승소를 통해 수익률을 올릴 수도 있다. 하지만 변호사 수임료 2~500만 원을 먼저 지불하고 법정 근거자료를 모아서 법원에 가야 하는 경매를 원하지는 않을 것이다. 다른 권리들 때문에 대출도 어려울 수 있다. 경매 낙찰을 받고 집을 명도해서 집의 열쇠를 받기까지 6개월 혹은 1년 그 이상이 걸릴 수 있다. 조금 더 싸게 부동산을 사겠다고 어려운 길을 걷겠다는 것은 일반적인 주거용 부동산으로 월세 수익이나 단기 매도 차익을 내려는 우리 같은 투자자의 취지와 맞지 않는다. 엄청난 시간과 에너지를 낭비하게 된다. 하자가 없는 물건을 낙찰받아서 빠르게 임대 수익을 만드는 것이 중요하다. 그것이 더 빠른 경제적 자유로 가는 길이다. 돈보다 시간이 더 중요하다는 것을 명심하자.

04

1분 권리분석_임차인의 보증금

시작하는 방법은 그만 말하고 이제 행동하는 것이다.
−월트 디즈니−

임차인 권리분석은 앞 장에 '등기부 권리분석'처럼 매각물건명세서에서 간단한 확인으로 분석이 가능하다. 임차인 권리분석은 대표적으로 임차인의 보증금을 내가 인수하는 것인지 아닌지, 인수한다면 얼마를 인수해야 하는지 분석하는 것이다.

임차인 권리분석의 핵심은 매각물건명세서에서 '최선순위 설정 일자'와 임차인의 '전입신고'를 확인하고 비교하면 된다. 등기부 권리분석을 할 때 빨간 테두리 안에 기재된 '등기된 부동산에 관한 권리 또는 가처분으로 매각으로 그 효력이 소멸하지 아니하는 것'이 공란이거나 '해당 사항 없음'으로 기재되어 있는 것은 권리상 문제가 없는 깨끗한 물건이라고

94

배웠다. 임차인 권리분석도 '최선순위 설정 일자'와 '전입신고'의 비교만
으로 권리분석을 끝낼 수 있다.

임차인 권리분석도 '매각물건명세서' 하나로 끝!

매각물건명세서

사 건	2019타경	부동산임의경매	매각 물건번호	3	작성 일자	2020.07.03	담임법관 (사법보좌관)		
부동산 및 감정평가액 최저매각가격의 표시		별지기재와 같음	최선순위 설정		2017.07.26. 근저당권		배당요구종기	2019.11.11	

부동산의 점유자와 점유의 권원, 점유할 수 있는 기간, 차임 또는 보증금에 관한 관계인의 진술 및 임차인이 있는 경우 배당요

점유자 성 명	점유 부분	정보출처 구 분	점유의 권 원	임대차기간 (점유기간)	보 증 금	차 임	전입신고 일자, 사업자등록 신청일자	확정일자	배당 요구여부 (배당요구일자)
		현황조사	주거 임차인				2018.02.02		
	2층 방 3칸	권리신고	주거 임차인	2018.02.02.부 터 2020.02.02.까 지	10,000,000	400,000	2018.02.02.	2018.02.02.	2019.10.02

※ 최선순위 설정일자보다 대항요건을 먼저 갖춘 주택·상가건물 임차인의 임차보증금은 매수인에게 인수되는 경우가 발생 할
수 있고, 대항력과 우선변제권이 있는 주택·상가건물 임차인이 배당요구를 하였으나 보증금 전액에 관하여 배당을 받지 아니한

등기된 부동산에 관한 권리 또는 가처분으로 매각으로 그 효력이 소멸되지 아니하는 것

매각에 따라 설정된 것으로 보는 지상권의 개요

비고란

임차인 권리분석은 검은색 테두리만 확인하면 된다. 검은색 테두리를
보면 해당 물건에 점유자의 정보가 기재된 것이다. 점유자는 임차인뿐만
아니라 소유자가 살고 있을 수도 있다. 그래서 임차인이라고 표현하지
않고 '점유자'라고 표현을 한다.

검은색 테두리를 보면 '정보출처 구분'이라는 항목이 있는데 '현황조사'

와 '권리신고' 2가지가 있다. 현황조사는 법원에서 집행관이 해당 물건으로 현황조사를 하러 갔을 때 들은 내용과 실제 점유자가 법원에 권리신고를 한 내용을 기재한 것이다. 그래서 내용이 다를 수 있다.

예를 들어 법원 집행관이 임차인 현황을 알기 위해 해당 매물로 현황조사를 하러 갔다. "실례합니다. 안에 누구 계신가요?"라고 했더니 초등학생 아들이 나왔고 아버지는 회사에 갔다고 말했다. 웬만한 초등학생들은 집의 보증금과 월세 금액을 잘 모를 것이다. 집행관은 일단 보고서에 보증금과 월세에 공란으로 남겨둔다. 며칠 후 아버지는 보증금 1,000만 원에 월세 40만 원의 계약서를 법원에 권리신고를 했다. 현황조사는 현장에서 얘기로 듣는 것이고 권리신고는 법원이 직접 계약서를 받기 때문에 권리신고가 더 정확하다.

사실 중요한 것은 이러한 정보들이 아니다. '임차인의 보증금을 인수할 것인가? 인수하지 않을 것인가?' 그것이 임차인 권리분석의 핵심이다. 임차인 권리분석도 등기부 권리분석과 마찬가지로 쉽게 확인이 가능하다. 매각물건명세서에서 임차인의 '전입신고 일자'와 '최선순위 설정 일자'와 비교해보는 것이다.

대부분 임대차 계약을 한 번쯤은 해봤을 것이다. 보통 금수저가 아닌 이상 내 집 마련을 하기 전에 전·월세의 과정을 거치다가 내 집 마련을 하는 것이 통상적인 모습이다. 임대차계약을 체결할 때 대부분 전입신고와 등기부등본을 발급받는다.

등기부등본을 발급을 받아보니 예를 들어 을구에 최초 근저당권이 있다면 그 권리가 최선순위 설정 일자이다. 등기부등본에는 여러 가지 권리가 설정된다. 은행으로부터 돈을 빌려 설정된 근저당권도 있고 채권자가 나에게 빌려준 돈을 못 받아서 가압류를 걸 수도 있다. 국가의 세금을 미납해서 생긴 압류도 있다. 이 중에서 가장 빠른날짜에 설정된 권리가 최선순위 설정 일자이다. 위에 매각물건명세서에서 최선순위 설정 일자를 보면 2017년 07월 26일이다. 내가 전입신고를 할 때는 2018년 2월 2일이다. 그러면 내가 이 집을 계약하고자 할 때는 이미 근저당권이 설정된 상태이다. 이런 상황에서 임차인은 어떻게 해야 할까? 내가 보증금을 못 받을 수도 있으니 이 집에 계약하면 안 된다. 그런데도 임대차 계약을 했다면 법에서는 보증금을 상실할 각오를 하고 계약한 임차인을 보호하지 않는 것으로 본다. 만약에 내가 임대차 계약을 하고 전입신고 당시 등기부상에 권리가 깨끗했다면 그것을 믿고 들어간 것이니까 임차인의 보증금을 보장해줄 필요가 있다. 이것을 부동산 용어로 '대항력이 있다.'라고 표현을 한다. 대항력이 있다는 의미는 '낙찰자에게 보증금을 떠넘길 수 있다', 즉 낙찰자에게 보증금을 받을 수 있다는 뜻이고, 낙찰자는 임차인의 보증금을 물어줘야 한다.

대항력이란 단어를 외울 필요는 없다. 낙찰자가 임차인에게 "이번 달 말까지 집을 비워주세요."라고 했을 때 임차인이 "무슨 말이세요? 저는 보증금을 받을 때까지 나갈 일이 없습니다."라고 대항하는 힘이 바로 대항력이다. 경매에서 임차인의 대항력은 전입신고를 할 당시 그 집에 최초 근저당, 가압류 등 등기상 권리보다 빠르면 임차인은 대항력이라는 권리가 있는 것이다.

따라서 투자자는 대항력이 있는 임차인의 물건에 입찰하면 보증금을 인수해야 한다. 그래서 되도록 투자할 때는 대항력이 없는 물건에 입찰하는 것이 위험을 줄이는 방법이다. 대항력이 있는 임차인의 물건, 즉 보증금을 인수하는 물건은 매각물건명세서에서 임차인의 전입신고 날짜가 최선순위 설정 일자보다 빠른 것이다.

매각물건명세서를 통해 전입신고 날짜와 최선순위 설정 일자만 비교하면 임차인 권리분석도 어렵지 않다. 등기부 권리분석과 마찬가지로 임차인 권리분석도 간단하게 끝낼 수 있다.

점유자의 유형
 - 소유자
 - 대항력 없는 임차인
 - 대항력 있는 임차인

점유자의 유형은 소유자, 대항력 없는 임차인, 대항력 있는 임차인이 있다. 낙찰을 받으려는 집에 소유자가 사는 경우에는 보증금이란 것이 있을 수 없으니까 이사비를 드리면서 명도를 하는 것이 일반적이다. 대항력 없는 임차인은 전입신고 일자가 최선순위 설정 일자보다 늦은 경우이다. 전입신고를 하기 전에 이미 근저당권이나 압류 등 권리가 이미 등

기부에 기재되어 있는 것을 알고 있었다. 그러면 임차인을 보호할 필요가 없으니 대항력이 없다고 표현하고, 즉 낙찰자는 임차인의 보증금을 인수하지 않는 것이다. 대항력이 있는 임차인은 전입신고 당시 최선순위로 설정된 근저당권이나 가압류가 없었기 때문에 임차인을 보호해야 하는 경우이다. 이 경우를 대항력 있는 임차인이라고 하고 낙찰자가 보증금을 떠안아야 한다.

아무런 위험 부담이 없는 입찰을 하려면 소유자가 거주하고 있거나 대항력이 없는 물건을 골라야 한다. 그러면 보증금을 인수하지 않는다. 그리고 등기부 권리분석인 빨간 테두리 안에 내용이 공란이거나 '해당 없음'으로 기재되어 있는 물건만 찾아서 입찰하면 아무런 위험 부담이 없는, 안전하고 쉬운 경매 투자를 할 수 있다.

대항력 있는 물건에 입찰 시 꼼꼼히 조사하라

경매에서 전체 매물 대비 대항력 있는 물건은 20% 이하로 물건이 나온다. 그런데 물건을 골랐는데 대항력 있는 물건이 마음에 드는 경우가 있을 수 있다. 앞서 이런 경우에는 입찰하지 않는 것이 좋다고 했지만, 꼭 입찰해보고 싶다면 조금 더 깊이 있는 공부가 필요하다.

대항력 있는 임차인이 사는 물건을 입찰하려면 2가지 방법이 있는데, 임차인이 배당 요구를 신청한 경우와 하지 않은 경우로 나뉜다. 첫 번째 방법은 임차인이 배당 요구를 하지 않은 경우이다. 임차인이 배당 요구를 하지 않았다면 낙찰자가 보증금을 떠안아야 한다. 그래서 보증금만큼 가격이 내려가면 그때 입찰하는 방법이다. 예를 들어 임차인의 보증금이 1억 원인데 시세가 1억 5,000만 원인 빌라가 있다. 그러면 입찰자는 5,000만 원 이하로 입찰을 하면 되는 것이다. 보증금을 인수하고도 손해를 보지 않는 선에서 입찰을 하면 되는 것이다.

두 번째 방법은 임차인이 배당 요구를 한 경우이다. 임차인이 확정일자를 받았으면 등기부등본에 있는 권리들과 비교해서 시간 순서대로 받을 것이다. 임차인이 배당금을 다 받는 경우에는 낙찰자가 인수하는 금액이 없어서 입찰해도 무방하다. 그러나 임차인이 배당금으로 보증금을 다 받지 못했다면 낙찰자는 임차인의 부족한 보증금을 인수하는 것을 감안하고 입찰해야 한다.

권리분석을 쉽고 간단하게 하려면 먼저 등기부상의 권리분석을 하는 빨간 테두리가 공란인 것을 확인한다. 그리고 임차인 권리분석은 소유자, 대항력 없는 임차인이 사는 물건을 확인하고 그 물건들만 골라서 입찰하면 된다. 또는 대항력 있는 임차인이 있는 물건 가운데서도 내가 입찰할 만한 것이 있다는 판단이 들면 다양하게 매물을 노릴 수 있는 것이다.

경매는 원리만 잘 안다면 굉장히 쉽다. 권리분석만 몇 주 걸리고 어려운 이론들까지 같이 배우다 보니 경매를 어렵게 생각하는 사람들이 많다. 그렇지만 앞의 내용대로 법원에서 쉽게 안내하는 매각물건 명세서를 참고해서 권리분석을 하면 된다. 권리분석은 본인이 판단하는 것이 아니라 법원의 안내를 따라가는 것이다.

경매를 통해 돈을 빨리 벌고 싶다면 쉽고 빠르게 권리분석을 하되 분석하는 시간을 속도를 높여야 한다. 권리분석을 해보니 인수하는 권리들이 있어서 자신이 돈을 물어줘야 할지 고민하게 만드는 물건은 붙잡고 있을 필요가 없다. 그 시간에 하나라도 더 돈이 되는 물건을 찾아보는 것이 현명하다. 여기서 내가 알려주는 노하우대로 물건을 찾으면 빠르게 수익을 낼 수 있다. 내가 강조하는 실행력까지 더해져서 나의 교육생들은 빠르게 입찰에 뛰어들어 낙찰을 받고 수익을 내고 있다. 그렇게 수익을 내야 자신감이 생기고 자신의 투자에 대해 확신하게 되면서 다음 성공도 쉽게 이어진다. 이제 막 경매 투자에 뛰어들었거나 몇 년째 도전해도 계속해서 낙찰에 실패하는 사람이라면 010-3413-0777로 상담 문의를 해주기 바란다. 상세한 컨설팅을 통해 최대한 빠르게 낙찰을 받고 수익을 낼 수 있는 노하우를 아낌없이 전달해주겠다.

05

보증금을 날리는 대표적인 사례

계획을 수립하는 데는 일을 성취하는 데 드는 만큼의 노력을 기울여야 한다.
−지그 지글러−

정부의 부동산 규제에도 경매시장은 여전히 활기를 띠고 있다. 그래도 여전히 경매가 부동산을 가장 저렴하게 살 수 있는 도매시장이기 때문이다. 코로나 시기에도 법원은 사람들로 북적인다. 지금보다 더 나은 삶을 살기 위해 많은 사람들은 오늘도 경매장을 찾는다. 그런데 가끔 경매에서 사소한 실수로 소중한 입찰 보증금을 반환받지 못하는 소위 '날리는' 사례를 보게 된다. 이런 경우는 생각보다 아주 사소한 실수에서 발생한다.

누구에게는 전 재산이 될 수 있는 소중한 돈을 반환받지 못하는 경우는 대표적으로 3가지다. 첫 번째는 입찰가의 실수, 두 번째는 권리분석

소액 경매 투자의 정석

의 실수, 세 번째는 시세 파악의 실수가 대표적인 사례이다. 대부분 초보자들이 하는 실수이다.

경매에서 실수는 금물

보증금을 날리는 대표적인 사례 첫 번째는 경매 입찰을 할 때 입찰가에 '0'을 하나 더 적어서 낸 경우이다. 예를 들어 아파트를 4억에 입찰할 생각이었지만 실수로 0을 하나 더 적어서 40억에 입찰을 해서 낙찰을 받은 것이다. 이런 경우가 제법 심심찮게 일어난다. 입찰 당일에 긴장하거나 시간에 쫓겨서 급하게 적다 보니 발생하는 실수이기도 하다.

지난해 실제로 A씨는 서울에 있는 아파트에 입찰했다. 많은 경쟁자 중에서 낙찰 통지를 받고 너무나 기뻐했다. 그것도 잠시 자신이 적어냈던 낙찰 가격을 보고 두 눈을 의심했다. 분명히 4억 원을 적어냈다고 생각했지만 정작 낙찰통지서에 적힌 가격은 '0'이 하나 더 붙은 '40억 원'이었던 것이었다. 그는 '낙찰을 포기하겠다'며 법원에 매각 불허가를 신청했지만 받아들여지지 않았다. 법원은 오히려 2주 뒤 잔금을 치르라는 '대금지급 기한통지서'를 보냈다.

결국 A씨는 잔금을 내지 않는 방식으로 낙찰을 포기했지만, 최저 입찰가의 10%인 입찰 보증금 3,600만 원을 허무하게 날렸다. 부동산 경매 과정에서 A씨처럼 입찰가를 적을 때 실수로 잘못 적는 일이 종종 발생한다. A처럼 순간의 실수로 수천만 원에 달하는 보증금을 날릴 수도 있는 것이다. 법원에서 펑펑 울면서 눈물로 호소하는 경우도 있다. 그때 집행관으로부터 답변은 '낙장불입'이다.

객관적으로 누구도 부동산을 10배의 가격으로 사는 사람은 아무도 없을 것이다. 그러면 법원에서는 '꼭 보증금을 돌려주지 않아야 하는가?' '누가 봐도 실수인데.'라는 생각이 든다. 예전에 이런 사건으로 대법원에서 재판한 사례가 있다. 대법원은 '최고가매수신고인의 착오로 본래 기재하려고 한 입찰 가격보다 높은 가격을 기재했다는 이유로는 매각을 불허할 수 없다'고 판결했다. 이는 경매를 지연시키기 위한 방법으로 악용될 수 있다는 이유 때문이다. 일부 이해관계자가 고의로 고가를 써낼 수도 있다는 것이다. 이런 경우에는 법원에서 부동산을 조사해서 적는 서류 중 하나인 '매각물건명세서'의 잘못된 정보를 찾아 매각 불허 결정을 받는 것 외에는 사실상 방법이 없다.

두 번째는 권리분석을 모르고 입찰했다가 추가로 지불해야 할 금액이 커져서 보증금을 포기하는 경우다. 50대 주부 B씨는 창원시에 있는 아파트에 입찰했다. 감정가가 2억 5,000만 원에서 3회 유찰이 되었고 1억 9,000만 원에 입찰하여 단독으로 낙찰을 받은 것이다. B씨는 '첫 입찰인데 너무 저렴하게 잘 샀다.'라며 기뻐했다. 그러나 낙찰영수증을 받고 나서 생전 처음 듣는 이야기를 듣는다.

대출중개인들이 B씨에게 전화번호를 물어보면서 이렇게 물었다.

소액 경매 투자의 정석

"사모님! 이 아파트 선순위임차인 물건인데 알고 받으신 거예요?"

대출중개인 4~5명이 모여서 물어본다. 낙찰을 받고 기분 좋은 B씨는 "네? 그게 뭔데요?"라고 반문했다.

대출중개인들은 "이 물건은 임차인이 전세 1억 6,000만 원에 살고 있는데 말소기준권리인 근저당보다 선순위라서 보증금을 추가로 세입자에게 줘야 한다."라고 말했다. 안절부절못하는 B씨를 안타깝게 여긴 대출상담사들은 법원 근처에 법무사 사무실에 가서 20~30만 원 수수료를 지불하고 불허가신청을 해보라고 조언했다.

그 상황을 지켜보던 사람들 중 한 명이 B씨에게 물어봤다.

"그거 알고 받으셨어요?" 그러자 B씨는 말했다.
"그냥 경매가 싸다는 말에 입찰해도 된다는 말을 들어서 입찰했어요."

결국 B씨는 잔금 납부를 하지 않고 소중한 보증금 1,400만 원을 포기했다. 이 아파트는 몇 번 더 유찰되어 13명의 경쟁 끝에 30대 직장인이 7,000만 원에 낙찰을 받았다. 선순위 전세보증금을 인수하고도 시세보다 저렴한 가격이라고 생각해서 낙찰을 받은 것이다.

이렇게 권리분석에 대해 아무것도 모르고 해서 실수하는 사례가 종종 있다.

부동산 투자에서 가장 중요한 것은 '시세 조사'이다

세 번째로는 시세보다 비싸게 사서 생기는 경우이다. 마음에 드는 물건이 만약 가까이 있다면 누구든 직접 보러 갈 것이다. 그러나 그렇지 않은 경우가 대부분이다. 요즘은 '네이버 부동산', '네이버 지도', '부동산 지인' 등 온라인으로도 많은 정보를 얻을 수 있다. 특별히 안 가도 시세와 위치, 주변 환경 등을 인터넷을 통해 쉽게 볼 수 있다. 그러다 보니 현장을 가봐야 알 수 있는 분위기, 건물의 하자 등의 정보들을 놓치는 경우가 있다. 아무리 귀찮더라도 현장 조사는 필수이다. 현장 조사를 하면 몰랐던 사실이나 어떠한 정보라도 무조건 하나는 얻고 간다. 현장 조사를 하지 않아 후회하는 사례들을 너무 많이 봤다. 나 또한 마찬가지였다.

나의 두 번째 입찰이자 첫 낙찰을 받았던 사례이다. 경기도 안성에 있는 아파트였다. 경부고속도로서 가깝고 700세대가 넘는 어느 정도 규모가 있는 아파트였다. 네이버 부동산에 매물이 5개 정도 있었다. 대부분 8,000만 원 이상이었고 딱 한 매물만 4층에 7,600만 원이었다. 매물을 올린 부동산은 딱 한 군데였다. 부동산에 시세를 물어보려고 전화를 했지만, 전화를 받지 않았다.

경매에 나온 물건은 '층도 8층이라서 최소 7,600만 원에는 팔 수 있겠다.'라는 생각이 들었다. 도배하고 깔끔한 상태라면 '8,000만 원 이상을 받을 수 있겠다.'라는 기대감도 있었다. 나는 6,900만 원 정도에 입찰할 생각이었고 최소 500만 원 이상 시세 차익을 예상했다. 그렇게 나는 입찰일 날이 오기만을 기다렸다.

드디어 입찰 당일이 왔다. 경매 법원은 사람들로 북적였다. 다들 경쟁자처럼 보였다. 꼭 낙찰을 받고 싶었다. 패찰이 되어 허무하게 또다시 물건을 찾는 것보다 낙찰을 받고 다음 단계를 경험해보고 싶었다. 이 아파트는 내 것이라는 생각이 들었다. 그렇게 나는 예상했던 금액보다 더 높게 써서 7,100만 원에 낙찰을 받았다. 그렇게 첫 낙찰을 받고 기쁜 마음으로 낙찰받은 아파트로 향했다. 초인종을 누르니 아무 반응이 없었다. 그래서 준비해온 A4용지에 '이사 문제로 상의할 것이 있으니 연락 부탁드립니다.'라고 쓴 메모와 연락처를 남기고 부동산에 갔다. 사장님은 안 계셨고 전화로 이야기를 나눴는데 지금 여기 아파트는 7,600만 원 매물도 나온 지 꽤 됐는데 잘 안 나간다고 했다. 7,300만 원에도 안 팔린다고 하는 것이다. 그렇게 되면 나는 7,100만 원에 낙찰을 받았고 취득세, 법무비용을 합치면 남는 것도 없는 상황이었다. 게다가 도배, 장판, 수리비용까지 나올 수도 있는 상황에서 '이거 큰일 났다.'라는 생각이 들었다. 네이버 부동산의 나온 '호가'만 보고 판단한 나의 실수였다.

낙찰을 받고 나는 '그래도 첫 낙찰받은 아파트인데 끝까지 가져가보자. 잘될 거야. 사랑을 주자.'라고 생각하면서 하루하루 좋은 조건의 대출을 알아보고 있었다.

그러던 어느 날 대출상담사에게 연락이 왔다.

"사장님, 이 아파트 취하됐는데요?"

불행 중 다행이라고 해야 하나? 조금 황당하면서 그동안 무거웠던 마음이 가벼워지는 기분이었다. 그렇게 나는 '시세 조사는 정말 제대로 해야겠다.'라는 교훈을 얻고 다음 물건을 찾았다.

1년이 지나 문득 나의 첫 낙찰 아파트가 떠올라서 네이버 부동산에 검색을 해봤다. 10건의 매물이 있었는데 가장 낮은 금액이 '1억 원'으로 시세가 올라 있었다.

경매 입찰 보증금은 대부분 누구에게는 전 재산이 될 수 있고 소중한 돈이다. 누구나 실수는 할 수 있지만, 경매같이 큰돈이 들어가는 경우에는 조심하고 또 조심해야 한다. 초보자의 경우에는 입찰 당일 긴장을 하다가 실수를 할 수도 있고, 시간에 쫓겨서 급하게 입찰 용지를 작성하다가 실수를 하는 경우도 있다. '돌다리도 두들겨 보고 건너라.'는 말이 있다. 큰돈이 들어가는 일이니 입찰할 때 작성한 내용을 확인하고 또 확인하도록 하자.

06

경매, 입찰가 산정 노하우

자본주의 시대의 인간은 여러 가지 지적 수단을 발전시켜 왔지만,
감정과 심리의 벽은 여전히 높기만 하다.
—워런 버핏—

우리가 경매 투자를 통해 수익을 창출하려면 경매 공부를 열심히 해야 할까? 아니면 현장 조사를 열심히 해야 할까? 정답은 낙찰을 받아야 한다. 낙찰을 받아야 임대나 단기 매도를 해서 수익을 발생시킬 수 있다. 공부를 열심히 했어도, 입찰을 여러 번 했어도 낙찰을 받지 못하면 그만큼 시간과 에너지를 낭비하게 된다. 우리의 목적은 수익을 창출하는 것에 목적이 있기 때문에 빠르게 낙찰을 받고 수익을 내는 것이 중요하다. 물론 무조건 입찰을 하는 것이 아니라 기본적으로 수익률을 따져보고 입찰 여부를 따져 보는 것이 선행되어야 한다. 수익률은 어느 정도가 적당할까? 은행 금리는 1~2%, 부동산은 기본적으로 4~7%면 양호한 것이

다. 경매는 우리의 시간과 노동력이 들어가기 때문에 최소 15% 이상으로 생각하자.

내가 경험해본 경매는 눈치싸움이다. 눈치껏 재빠르게 낙찰을 받아가는 분도 있고, 눈치싸움만 하다가 기회를 놓쳐 조금 더 비싼 가격에 사는 사람도 있다. 물론 시세보다는 낮은 금액으로 말이다. 나는 여러 건 입찰한 경험을 통해 나만의 낙찰가 정하는 노하우가 생겼다. 물론 시세보다 낮은 금액이면서 낙찰은 받을 수 있는 합리적인 금액으로 말이다. 내가 입찰하는 매물들은 항상 경쟁자가 많다. 내가 보기에 좋은 부동산은 남이 봐도 좋기 때문이다. 경매를 하면서 25명이 입찰했던 빌라를 2등과 46만 원의 차이로 낙찰받은 경험이 있다. 이틀 뒤 12명 입찰, 2등과 11만 원 차이로 빌라를 낙찰받기도 했다. 시세를 조사하고 수익이 나는 금액으로 내가 원하는 금액으로 입찰을 했기 때문에 2등과의 가격 차이는 사실 의미가 없다. 하지만 아무래도 2등과 가격 차이가 많이 안 나면 낙찰을 더 잘 받은 것 같아 기분이 더 좋은 것이 사실이다.

경매를 하면서 합리적인 금액에 낙찰을 받아 빨리 수익을 창출하는 것이 우리의 목적이다. 낙찰을 못 받으면 그만큼 시간과 비용, 에너지 낭비를 하게 된다. 그러다가 포기를 하는 경우도 상당히 많이 봤다. 사실 누구나 따라 하기 쉬운 원론적인 방법인데도 불구하고 대출상담사 사이에서 '낙찰가 귀신'이라는 별명을 갖게 된 나만의 비결을 이제 알려드리고자 한다.

1. 가능성 없는 금액의 입찰은 시간 낭비이다

2019타경506727			• 인천지방법원 본원 • 매각기일 : 2020.04.14(火) (10:00) • 경매 22계 (전화:032-860-1622)			
소 재 지	인천광역시 서구 당하동 1031 외 1필지, 풍림아이원아파트 824동 9층 903호 도로명검색 🄳지도 🄳지도					
물건종별	아파트	감 정 가	200,000,000원	오늘조회: 1 2주누적: 2 2주평균: 0 조회동향		
				구분	입찰기일	최저매각가격	결과
대 지 권	34.392㎡(10.403평)	최 저 가	(70%) 140,000,000원	1차	2020-02-06	200,000,000원	유찰
					2020-03-11	140,000,000원	변경
건물면적	59.832㎡(18.099평)	보 증 금	(10%) 14,000,000원	2차	2020-04-14	140,000,000원	
매각물건	토지·건물 일괄매각	소 유 자		낙찰 : 192,300,000원 (96.15%)		
개시결정	2019-05-16	채 무 자		(입찰14명, 낙찰:인천 차순위금액 188,999,999원)		
				매각결정기일 : 2020.04.21 - 매각허가결정		
사 건 명	임의경매	채 권 자		대금지급기한 : 2020.05.29 - 기한후납부		
				배당기일 : 2020.07.10		
				배당종결 2020.07.10		

아파트는 투자자들에게 가장 인기가 많은 부동산이다. 아파트는 시세 조사가 굉장히 편하다는 것이 가장 큰 장점이다. 시세는 네이버 부동산에 나온 매물과 실거래가격을 참고하면 대략 알 수 있다. 그런데 아파트가 대단지일수록 동, 층, 구조마다 가격의 차이가 있다. 그래서 시세 조사를 할 때 내가 조사하고자 하는 아파트의 동과 같은 평수의 시세를 알아야 한다.

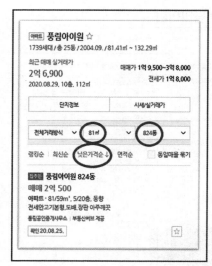

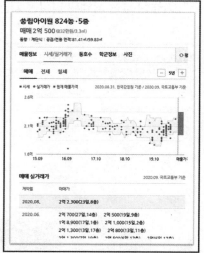

　네이버 부동산 화면이다. 경매로 나온 물건과 동일한 824동, 공급면적 81㎡로 맞춘다. 그다음에 '낮은 가격순' 버튼을 눌러서 현재 나온 매물들의 가격을 확인해본다. 그렇지만 매물로 나온 금액은 일단 너무 신뢰하지 말자. '호가'이기도 하지만 손님을 끌기 위한 소위 '허위' 매물일 수도 있다. 참고만 하고 더 정확한 시세를 조사해야 한다. 가장 효과적인 방법은 해당 아파트에 시세를 잘 알고 있는 부동산 3군데와 통화를 해보는 것이다. 통화할 때 '투자자인 척 해라', '아파트 실거주자인 척 해라'라고 조언하는 분들이 있는데, 그 방법은 옳지 않다. 그냥 솔직하게 부동산에 문의하는 것이다. "사장님 안녕하세요. 다름이 아니라 해당 아파트 824동, 24평형 물건이 경매로 나왔습니다. 그런데 제가 이 아파트를 꼭 사고 싶어서 연락을 드렸습니다. 실례가 안 된다면 시세를 알 수 있을까요?" 이렇게 전화해서 정중하게 물어보면 십중팔구 친절하게 알려주신다. 그리고 우리 입장에서는 친절한 설명을 들었으니 공짜 정보를 얻은 것이다. "나중에 현장에 가게 된다면 커피 한잔 사서 방문하겠습니다. 소중한 정보 감사합니다."라고 빈말이라도 한마디한다면 부동산 사장님에게는 큰 힘이 될 것이다. 나중에 임대나 매매를 성사시켜줄 사장님이 될 수도 있다.

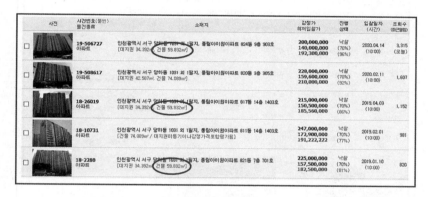

시세를 파악했다면 이제 입찰가를 고민해봐야 한다. 낙찰과 가장 근접하게 이끌어줄 가격은 바로 '동일 단지 거래'를 확인해보는 것이다. 같은 평수의 사례를 보니 1년 전에 사례가 1억 8,500만 원에 2건이 낙찰되었다. 1년이 지난 시점에서 과거의 시세보다 떨어지지 않았다면 입찰가격을 최소 1억 8,500만 원 이상 써내야 낙찰 가능성이 있다. 경매에 어느 정도 경험이 있는 투자자분들은 '동일 매물 사례'를 확인한다. 그래서 과거 사례를 확인했다면 1억 8,500만 원 이상의 가격으로 입찰할 것이다. 그렇기 때문에 이 이하의 가격으로 입찰하는 것은 사실상 무의미하다.

이 매물 감정가가 2억 원에서 1번 유찰이 되어 1억 4,000만 원에 시작한
다. 이 매물의 입찰자들을 보면 1억 6,000만 원 이하로 입찰한 분들이
70%는 될 것이다. 아직 감이 없어서 이 가격에 입찰했을 것이다. 이 매물
은 1억 8500만 원 이상 입찰한 투자자끼리의 경쟁인 것이다. 그럼 이 매
물은 얼마에 낙찰이 되었을까?

    14명이 입찰했고 1억 9,200만 원에 낙찰되었다. 이 중에 1억 8,500만
원 이상 적어낸 입찰자는 4명이었다. 나를 포함해서 말이다. 시간과 에
너지를 낭비하는 가능성 없는 입찰은 한두 번으로 충분하다.

2. 2회 유찰된 물건 낙찰받는 법

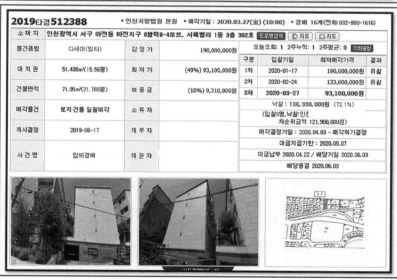

2019타경25266			• 인천지방법원 본원 • 매각기일 : 2020.03.19(木) (10:00) • 경매 18계(전화:032-860-1618)				
소재지	인천광역시 남동구 만수동 109-364, 경인맨션타운 101동 4층 401호 [도로명검색] [D 지도] [D 지도]						
새 주소	인천광역시 남동구 만수서로33번길 31, 경인맨션타운 101동 4층 401호						
물건종별	다세대(빌라)	감 정 가	80,000,000원	오늘조회: 1 2주누적: 0 2주평균: 0 [조회동향]			
대 지 권	11.7㎡(3.539평)	최 저 가	(49%) 39,200,000원	구분	입찰기일	최저매각가격	결과
				1차	2020-01-09	80,000,000원	유찰
				2차	2020-02-17	56,000,000원	유찰
건물면적	39.96㎡(12.088평)	보 증 금	(10%) 3,920,000원	3차	2020-03-19	39,200,000원	
매각물건	토지·건물 일괄매각	소 유 자		낙찰 : 57,000,030원 (71.25%)			
				(입찰8명,낙찰:인천			
				차순위금액 45,924,000원)			
개시결정	2019-08-23	채 무 자		매각결정기일 : 2020.03.26 - 매각허가결정			
				대금지급기한 : 2020.04.29 - 기한후납부			
사 건 명	임의경매	채 권 자		배당기일 : 2020.07.02			
				배당종결 2020.07.02			

2019타경512388			• 인천지방법원 본원 • 매각기일 : 2020.03.27(金) (10:00) • 경매 16계(전화:032-860-1616)				
소재지	인천광역시 서구 마전동 마전지구 8블럭8-4로트, 서해빌리 1동 3층 302호 [도로명검색] [D 지도] [D 지도]						
물건종별	다세대(빌라)	감 정 가	190,000,000원	오늘조회: 1 2주누적: 1 2주평균: 0 [조회동향]			
대 지 권	51.438㎡(15.56평)	최 저 가	(49%) 93,100,000원	구분	입찰기일	최저매각가격	결과
				1차	2020-01-17	190,000,000원	유찰
				2차	2020-02-24	133,000,000원	유찰
건물면적	71.95㎡(21.765평)	보 증 금	(10%) 9,310,000원	3차	2020-03-27	93,100,000원	
매각물건	토지·건물 일괄매각	소 유 자		낙찰 : 136,990,000원 (72.1%)			
				(입찰8명,낙찰:인천			
				차순위금액 121,900,000원)			
개시결정	2019-06-17	채 무 자		매각결정기일 : 2020.04.03 - 매각허가결정			
				대금지급기한 : 2020.05.07			
사 건 명	임의경매	채 권 자		대금납부 2020.04.22 / 배당기일 2020.06.03			
				배당종결 2020.06.03			

위 사례의 공통점은 2회 유찰 후에 낙찰이 된 사례이다. 1회 유찰이 되면 인천의 경우는 감정가에서 70% 할인을 한다. 감정가가 1억이면 30% 할인이 되어 7,000만 원이 되는 것이다. 근데 여기서 또 유찰되면 7,000만 원에서 30% 할인이 되어 4,900만 원, 즉 반값보다 안 되는 가격에서 시작한다. 이게 2회 유찰된 물건이다. 주거용 부동산의 경우에는 2회 유찰이 되면 투자자로부터 엄청난 관심을 받게 된다. 조회수로 그 인기를 가늠할 수 있는데 조회수가 높으면 이번 회차에서는 낙찰이 될 가능성이 크다. 그럼 과연 이런 매물들은 얼마에 낙찰이 될까? 낙찰된다면 아마 1회 유찰된 7,000만 원과 4,900만 원 사이에서 낙찰이 될 거라고 예상될 것이다.

그런데 위에 사례를 보면 뭔가 특이한 점이 있다. 1회 유찰된 가격을 넘겨 낙찰을 받았다. 대부분 7,000만 원에도 유찰이 됐기 때문에 이 가격 이상으로 입찰할 생각을 대부분 하지 않는다. 그런데 입찰할 가치가 충분히 있다고 판단이 들어서 꼭 낙찰을 받아야겠다고 생각이 들 때가 있다. 그럴 때는 대부분의 투자자는 1회 유찰된 가격보다 낮게 쓸 것이기 때문에 '나는 다른 사람들과 다르게 1회 유찰 금액을 살짝 넘기자.'라는 생각으로 입찰을 해서 낙찰을 받는다. 나 역시 이런 방법으로 여러 건의 낙찰을 받았다. 이 방법이 좋은 이유는 감정가와 낙찰가의 갭이 커서 대출이 많이 나온다는 것이다.

소액 경매 투자의 정석

3. 1회 유찰일 때 최저가로 낙찰받기

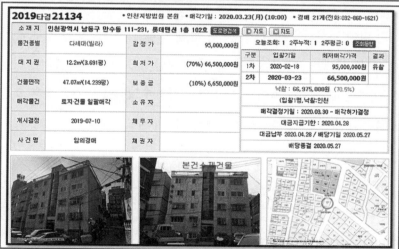

2019타경16477		• 인천지방법원 본원	• 매각기일 : 2020.03.23(月)(10:00)	• 경매 21계(전화:032-860-1621)

소 재 지	인천광역시 서구 마전동 마전지구 10블럭2로트, 하늘종경채 101동 4층 403호 도로명검색 D 지도 W 지도

물건종별	다세대(빌라)	감 정 가	172,000,000원	오늘조회: 1 2주누적: 0 2주평균: 0 조회동향

구분	입찰기일	최저매각가격	결과

대 지 권	50.04㎡(15.137평)	최 저 가	(70%) 120,400,000원	1차	2020-02-18	172,000,000원	유찰
건물면적	69.64㎡(21.066평)	보 증 금	(10%) 12,040,000원	2차	2020-03-23	120,400,000원	

낙찰: 122,760,000원 (71.37%)

(입찰1명,낙찰:인천)

매각결정기일 : 2020.03.30 - 매각허가결정

매각물건	토지·건물 일괄매각	소 유 자		대금지급기한 : 2020.04.28
개시결정	2019-05-28	채 무 자		대금납부 2020.04.27 / 배당기일 2020.05.27
사 건 명	임의경매	채 권 자		배당종결 2020.05.27

2019타경21134		• 인천지방법원 본원	• 매각기일 : 2020.03.23(月)(10:00)	• 경매 21계(전화:032-860-1621)

소 재 지	인천광역시 남동구 만수동 111-231, 롯데맨션 1층 102호 도로명검색 D 지도 W 지도

물건종별	다세대(빌라)	감 정 가	95,000,000원	오늘조회: 1 2주누적: 1 2주평균: 0 조회동향

구분	입찰기일	최저매각가격	결과

대 지 권	12.2㎡(3.691평)	최 저 가	(70%) 66,500,000원	1차	2020-02-18	95,000,000원	유찰
건물면적	47.07㎡(14.239평)	보 증 금	(10%) 6,650,000원	2차	2020-03-23	66,500,000원	

낙찰: 66,975,000원 (70.5%)

(입찰1명,낙찰:인천)

매각결정기일 : 2020.03.30 - 매각허가결정

매각물건	토지·건물 일괄매각	소 유 자		대금지급기한 : 2020.04.28
개시결정	2019-07-10	채 무 자		대금납부 2020.04.28 / 배당기일 2020.05.27
사 건 명	임의경매	채 권 자		배당종결 2020.05.27

위 사례에서 2회 유찰된 매물을 오히려 1회 유찰된 가격보다 비싸게 주고 낙찰받은 사례를 봤다. 그러면 이런 생각을 할 수도 있을 것이다.

'1회 유찰됐을 때 최저가로 사면 더 좋았을걸. 조금 더 일찍 알았으면 좋았을걸!'

그런데 이런 경험을 하면서 투자의 감이 쌓이게 되는 것이다. 그 매물을 1회 유찰 때 봤어도 그냥 보낼 수도 있는 것이다. 1회 유찰된 물건을 최저가로 낙찰을 받는 경우는 사실 경매에 아무런 감이 없는 투자자들이 잘 생각을 못 하고 위 사례처럼 2회 유찰된 매물을 1회 유찰된 가격보다 비싸게 사본 투자자만이 깨닫는 방법이다. 1회 유찰된 물건을 조사해보니 가치가 있는 매물이라고 생각이 들면 1회 유찰된 상태에서 최저가로 입찰하는 방법도 아주 좋은 방법의 하나다.

이 밖에도 신건을 신건 가격보다 높은 가격에 낙찰을 받는 경우도 있다. 보통 시세가 오를 만한 아파트에 투자할 때 그런 경우가 많다. 지금은 비록 현재 시세와 차이가 거의 없는 가격에 낙찰을 받지만 향후 오를 것을 기대할 만한 가치가 있다고 해서 '가치투자'라고 한다.

경매를 하다 보면 입찰가를 산정하는 방법은 개인마다 다를 것이다. 입찰 경험이 많아질수록 본인 스스로 낙찰을 받을 수 있는 답을 찾게 되어있다. 그래서 꾸준히 입찰을 하다 보면 누구나 낙찰을 받을 수 있다. 단순히 싼 가격에 입찰하는 것이 아니라 수익률을 먼저 계산해서 수익이 나는 기준의 가격을 도출해서 입찰하는 것이 좋은 방법이다. 가장 중요

소액 경매 투자의 정석

한 것은 낙찰도 중요하지만 시세 조사를 게을리해서는 절대 안 된다. 시세 조사를 통해 내가 사고자 하는 부동산의 가격이 정확히 얼마이고, 얼마면 팔릴지 이 2가지를 꼭 알고 투자를 해야 한다. 부동산은 사는 것도 중요하지만 팔고 싶을 때 팔 수 있는 가격을 아는 것이 가장 중요하다.

07

종잣돈 마련하는 방법

세상의 중요한 업적 중 대부분은, 희망이 보이지 않는 상황에서도
끊임없이 도전한 사람들이 이룬 것이다.
-데일 카네기-

요즘 네이버나 다음 카페를 보면 목돈 만들기 카페 모임들이 정말 많다. 3천만 원 만들기, 1억 만들기 말이다. 그 카페에서 제시하는 방법 중에서 가장 많은 것은 절약이다. 생활비를 줄이고 문화생활을 줄여서 목돈을 만들자는 것이다. 참 좋은 방법이다. 그런데 줄이는 것이 스트레스이다. 내 용돈을 줄이고 문화생활을 줄이고 씀씀이를 줄인다는 것 말이다. 근데 이게 하루이틀이 아니라 굉장히 오랜 시간 지속해야 목돈을 모을 수 있는 방법이다. 좋은 방법이긴 하지만 그 기간은 힘들게 살아가야 한다.

그럼 우리가 목돈을 모이기 위해서 한 달에 100만 원을 저축한다고 가정해보자. 일반 직장인들, 외벌이 직장인들은 100만 원 저금하기가 쉽지 않을 것이다. 맞벌이는 100만 원은 가능하겠지만 말이다. 만약에 한 가정에서 매달 100만 원씩 저축한다고 가정하면 단순 계산으로 1년이면 1,200만 원, 10년이면 1억 2,000만 원이다. 1억을 모으기 위해서는 매달 100만 원씩 저금해도 약 8년 이상의 시간이 필요하다.

그런데 내가 그렇게 해서 8년, 10년 걸쳐서 1억을 모았다고 가정해보자. 그때 부동산 재테크를 하려고 하면 그때 1억의 가치는 지금과 같지 않다. 그리고 우리가 투자하고자 하는 부동산들, 특히 아파트의 경우 10년 뒤에는 꽤 많이 올라 있을 것이다. 우리가 돈을 모으는 속도보다는 일반적으로 부동산이 오르는 속도가 훨씬 더 빠르다. 결국 우리가 이렇게 개미처럼 돈을 모아서는 참 힘들다.

우리가 물가상승률과 부동산가격상승률을 추월하려면 지금 즉시 목돈을 만들어서 부동산 투자를 시작해야 부동산 가격 상승률 추월이 가능하다. 그럼 어떻게 해야 빠르게 목돈을 만들 수 있을까? 내 경험상 빠르고 현실적인 목돈 만들기에 대해 알아보도록 하겠다.

사내대출을 활용하라

첫 번째는 직장인 사내대출을 활용하는 방법이다. 물론 모든 직장이 이런 대출제도가 있는 것이 아니지만 보통 중견기업 이상이나 대기업들은 복지가 잘되어 있다. 그래서 상담을 하다 보면 직장인 경매 투자자들이 사내대출을 활용해서 부동산 재테크를 많이 한다. 만약에 직장인분들 중에 제도를 모르고 있었다면 인사과나 총무과에 확인해볼 수 있다. 최대 1억 원 이상 대출이 나오는 회사도 보았다. 만약 된다면 적극적으로 활용할 것을 권한다.

또한, 직장인이라면 마이너스통장을 만드는 것도 방법이다. 마이너스통장은 미리 설정한 대출 한도 내에서 필요할 때마다 수시로 인출해 사용할 수 있다. 수시로 필요한 만큼 사용하고 사용 금액에 대해서 이자를 내는 것이다. 요즘은 대출 금리도 2.1%로 예전보다 저렴해지기도 했다. 마이너스통장은 경매 투자를 할 때 '입찰 보증금'으로도 많이 쓰인다. 낙찰이 되면 좋고, 패찰이 되면 돌려받은 보증금은 다시 마이너스통장에 입금한다. 이렇게 경매 입찰을 할 때 보증금으로 활용하기가 좋다.

전세자금 대출을 활용하라

두 번째는 '전세자금 대출'을 활용하는 방법이다. 지금 국가에서 진행하는 전세자금 대출이 저금리상품으로 여러 가지가 있다. 상품들은 '중소기업 청년대출', '버팀목 전세자금 대출', '신혼부부전용 대출', '청년 전월세보증금 대출', 또한 지자체에서 진행하는 저금리 대출 상품들도 많다. '중소기업 청년 대출'은 내가 부동산을 운영할 때 문의가 하루에도 여러 통이 올 정도로 인기가 많았고 지금도 인기가 높은 대출 상품으로 대출은 1억 미만의 집을 구하면 '주택도시보증공사'에서 100% 대출을 해준다.

금리는 1.2%이다. 1억 원을 빌렸을 때 한 달의 이자는 10만 원이다. 이런 대출을 활용하게 되면 바로 목돈을 마련할 수 있는 것이다. 상담을 하다 보면 전세로 거주하고 있는 직장인들이 자신의 돈으로 전세로 거주하는 경우가 많다. 그런데 이런 직장인이 '중소기업 청년 대출'을 활용해서 본인의 돈으로 월세가 나오는 '수익형 부동산'을 투자하는 것이 좋다.

예를 들어 1억 원으로 서울에 수익형 부동산에 투자해도 월 40만 원은 벌 수 있을 것이다. 그럼 전세자금 대출 이자 10만 원을 내고도 30만 원이 남는다. 그리고 시간이 지나 투자한 수익형 부동산의 가격까지 올라간다고 하면 임대 수익과 자본 수익까지 두 마리의 토끼를 잡을 수도 있다. 내가 1억 원을 어떻게 활용하느냐에 따라서도 당장 30만 원씩 매달 차이가 나지만 이것이 3년, 5년이 지나면 대출 레버리지를 활용한 직장인과 안 한 직장인은 상당한 자본의 차이가 벌어지게 된다. 이렇게 '전세자금 대출'을 활용해서 나의 목돈을 만드는 방법이 있다.

금리가 낮은 사업자 대출을 활용하라

세 번째는 개인사업자 대출을 활용하는 방법이다. 자영업을 운영하고 있다면 가능한 대출이다. 신용도와 소득 금액에 따라 대출 한도와 금리가 달라질 수 있다. 내가 목돈을 만들었던 방법은 이 사업자 대출이었다. 대출금은 3,000만 원이었고, 이율은 2%로 한 달의 이자는 5만 원이었다. 이렇게 만든 목돈으로 나는 두 번째 경매 투자를 했다.

인천에 있는 빌라를 1억 1,670만 원에 낙찰을 받았었다. 대출은 80% 약 9,300만 원을 받아서 투자금은 3,000만 원이 채 안 든 빌라였다. 전용 16평에 방은 3개, 화장실은 1개인 구조였다. 2013년에 지어진 빌라로 크게 손볼 곳은 없었고 도배만 했다. 이 빌라는 월세 세입자를 맞춰서 오랫동안 보유를 하고 싶었던 집이었다. 하지만 이 지역 특성상 보증금을 3,000만 원에 들어올 세입자의 수요가 많이 없어서 3,000만 원의 투자 금액을 이 집에 묶어두지 않고 보증금을 받아서 다른 부동산에 재투자할 계획이었다. 기다리면 언젠가는 맞춰지겠지만 대출에 대한 이자도 있어서 빠르게 세입자를 받아야만 했다. 그래서 최소 1억 3,000만 원에 단기 매도를 해야겠다고 생각했다.

그런데 전세 문의만 올 뿐 매매 문의는 조용했다. 1억 2,000~1억 2,500만 원까지 전세 계약 연락은 여러 번 받았지만, 매매를 하고 싶다고 전세 세입자를 거부하기도 했다. 시세가 1억 3,000만 원대이긴 했지만 이미 시장에 나온 매물들이 많아서 낙찰받은 빌라가 다른 빌라보다 크게 메리트가 없었다. 잔금을 치른 후 매매 손님만 기다리다가 거의 1달쯤 되었을 때 부동산에서 연락이 왔다. 전세 계약을 꼭 하고 싶다는 신혼부부가 있다고 말이다. 그 대신 1억 2,000만 원에 하고 싶다는 연락이었다. 1억 2,500만 원에도 계약하겠다는 사람도 있었는데 1억 2,000만 원이라니 손해를 보는 느낌이 들었다. 그런데 이 신혼부부는 'LH'로 계약을 하는 것이라서 1억 2,000만 원 이상 대출이 어려웠다. 그것보다 여러 집을 봤지만, 나의 낙찰받은 집을 너무 마음에 들어 해줘서 내가 더 고마웠다. 그렇게 알콩달콩한 20대 신혼부부와 기분 좋게 계약서를 작성했다. 그 이후 나는 그 지역에 다른 경매 물건 임장을 하러 갈 일이 많았는데 그때마다 그 근처 유명한 빵집이 있었는데 그곳에서 빵을 사서 세입자 집 문에 걸어두고 오곤 했다.

사실 이 집은 만족스러운 투자는 아니었다. 월세를 받고 싶었지만 보증금 3,000만 원에 입주할 세입자의 수요가 부족하단 것을 미리 조사하지 않았다. 그래서 3,000만 원의 투자금을 다시 회수해서 다른 물건에 투자하기 위해 어쩔 수 없이 매매와 전세로 방향을 돌리게 된 것이다. 그래도 경매의 장점은 부동산을 싸게 살 수 있다는 것이다. 애초부터 부동산을 싸게 샀으니 손해를 보지 않고 시작을 할 수 있다.

예를 들어 시세 2억에 아파트를 경매로 1억 8,000만 원에 샀다고 가정해보자. 그런데 이 아파트의 시세가 1억 9,000만 원으로 떨어졌다. 그러면 2억 원에 아파트를 주고 샀다면 1,000만 원에 손해를 보지만 1억 8,000만 원에 낙찰받은 아파트는 1,000만 원 시세 차익을 보는 것이다. 더 떨어질 거 같으면 재빨리 1억 9,000만 원에 팔고 나오는 출구 전략도 쓸 수 있다. 하지만 2억에 산 사람은 1억 9,000만 원에 쉽게 팔지 못할 것이다. 부동산을 살 때 수익이 나는 물건을 고르는 것도 중요하지만 팔고 싶을 때 쉽게 팔 수 있는 출구 전략을 고려하는 것도 중요하다. 경매는 부동산을 싸게 살 수 있으니 시세보다 저렴한 금액으로 팔 수 있는 출구 전략이 용이하다. 그래서 내가 낙찰받은 빌라의 경우 엄청나게 싸게 사진 않았지만 내가 산 금액보다 더 높은 전세가로 인해 돈이 하나도 들지 않은 '무피투자,' 즉 나의 자본금이 없이 하는 투자로 집을 살 수 있었다.

부동산에 투자하려면 목돈, 즉 '종잣돈'이 필요하다. 그런데 매달 100만 원씩 모아서 10년을 모은다고 해도 1억 2,000만 원이다. 10년이면 너무나 오랜 세월이다. 아마 10년이란 시간 동안에 돈의 가치는 더 떨어지고 내가 투자하려는 부동산은 지금보다 값이 훨씬 더 비쌀 것이다. 돈을 모으는 속도보다 부동산이 오르는 속도, 화폐 가치가 떨어지는 속도가 더 크기 때문에 개미처럼 열심히 돈을 모아도 큰 해결책이 될 수 없는 것이다.

"지금 즉시 시작하는 것!"

나는 최대한 빨리 시작하는 것이 더 중요하다고 생각한다. 앞의 3가지 말고도 마음만 먹으면 목돈을 만들 방법은 많다. 주거비를 줄이는 방법도 있고 신용대출도 활용할 수 있다. 조금만 고민해보면 방법은 찾을 수 있다. 목돈을 만들 방법을 적극적으로 활용해서 부동산 재테크를 시작하기 바란다.

소액 경매 투자의 정석

08

경매 투자는 선택이 아닌 필수이다

성공의 제 1 법칙은 집중이다.
모든 에너지를 한 지점에 쏟고 오른쪽이나 왼쪽에 눈을 돌리지 않고
곧바로 그 지점으로 가는 것이다.
−윌리엄 메튜스−

경매 투자를 망설이거나 주저하는 분들의 이유는 리스크에 대한 두려움과 불안함 때문일 것이다. 종잣돈이 얼마 없기 때문에, '이 돈으로 경매 투자를 할 수 있을까?'라는 고민도 있을 것이다. 그런데 그런 고민을 하다가 지금까지 많은 기회를 놓쳐서 후회하는 분들도 많을 것이다. 그렇지만 부동산 투자는 지금도 늦지 않았다. 이제부터라도 실질적으로 도움이 되는 돈 공부를 해보자. 내가 잠을 자고 있어도, 여행하고 있어도 나를 위해 성실하게 일해 줄 나만의 부동산을 만들어보자. 그리고 종잣돈이 여유가 있더라도 부동산 경매를 처음 시작하는 분들이라면 1억 미만의 소액 부동산으로 쉽고 가볍게 투자를 시작하는 것이 좋다.

경매로 낙찰을 받아보지 못한 분들은 경매의 두려움이 생각보다 크게 다가오는 것도 현실이다. 하지만 누구나 처음이 있다. 소액으로 시작하면 크게 무리 없이 경매 투자의 한 사이클을 경험하고 월세 수익을 창출할 수 있다. 내가 직접 낙찰을 받고 블로그에 올린 사례 중에서 5,170만 원에 낙찰을 받은 빌라가 있었다. 실제 투자금은 대출 레버리지를 활용하여 약 600만 원이 들어갔다. 매달 월세는 이자를 공제한 후 19만 원을 받고 있다.

배당금을 일정 부분이라도 받아가는 임차인은 명도도 어렵지 않고 완만하게 해결할 수 있다. 그 배당금을 받기 위해서는 잔금을 납부한 소유자의 명도 확인서가 필요하기 때문이다. 그러므로 임차인은 소유자가 명도를 하면서 최대한 협조를 해주고 이사 비용을 요구하는 경우는 거의 없다. 명도를 하지 않고 기존 세입자가 재계약을 하겠다는 경우도 있다. 그러면 비용과 시간을 절약할 수 있다. 추가로 도배, 장판을 바꾸지 않고 임대를 맞추기까지 집이 비어 있는 공실 기간이 없는 것이다.

소액으로도 많은 투자처가 있고 월세도 안정적으로 꾸준히 받을 수 있다. 이렇게 소액으로 작은 물건부터 투자를 시작하다 보면 경매의 수익 구조를 알 수 있고 같은 과정을 쉽게 반복할 수 있다.

투자를 실천하고 나서 중요한 것은 경매를 통해 부를 늘려나갈 수 있다는 자기 확신을 가지게 된다는 점이다. 그러면 이와 같은 과정을 반복

소액 경매 투자의 정석

해서 부동산의 수를 늘려나가고 규모도 점점 키워간다면 빠르게 수익을 높일 수 있다. 물론 처음부터 소액이 아닌 큰 금액으로 규모가 큰 부동산을 낙찰받아 수익을 내는 경우도 있다. 하지만 경매 투자 과정에서 여러 가지 문제가 생기면 이를 해결해야 하는데 큰 부동산은 경매 초보자에게 부담을 줄 수 있다. 만약 이렇게 해서 일이 잘 풀리지 않으면 경매 투자 실패로 이어질 수 있고 자신감 하락으로 시작하자마자 경매 시장을 떠나가기도 한다.

경매 소액 투자 물건을 고를 때는 부동산 입지를 잘 살펴보아야 한다. 물론 처음부터 판단하기 어려울 수 있다. 하지만 본인이 사는 동네, 지역을 먼저 살펴보면서 그곳을 기준으로 입지가 좋고 나쁨을 가늠할 수 있다. 그래서 본인 주거 지역을 중심으로 투자를 시작해도 되고 점차 지역을 넓혀가면서 입지를 보는 눈을 키워야 한다. 중요한 것은 본인이 판단해서 시행착오도 겪고 스스로 부동산 입지를 판단해보는 것이다. 그래야 투자를 계속할 수 있다.

경매 투자를 소액으로 하기 위해서는 실제 들어가는 투자 금액이 적어야 한다. 그래야 부담이 적어진다. 입찰 전 입찰가를 산정하기 전에 수익률을 계산해보고 본인의 실제 투자 금액에 맞게 투자를 해야 한다. 실제 투자 금액이 적으면 설사 좋은 물건을 고르지 못했다 하더라도 약간의 수익과 부동산을 장기 보유하는 데 큰 어려움이 없다. 실제 소액으로 하는 경매 투자는 투자 금액이 2,000만 원 미만이 들어가는 경우가 많다. 중요한 것은 자신을 믿고 실행에 옮기는 것이다. 소액 투자는 리스크도 거의 없고 가볍게 상황에 대처할 수 있다. 그리고 소액 투자라 할지라도 이런 것이 여러 개 모이면 아주 큰 수익을 만들어줄 것이다.

시간이 갈수록 가격은 오르고 6·17 부동산 규제에 이어 7·10 부동산 대책으로 부동산 투자자의 숨통이 점점 조여지고 있다. 규제지역도 점점 늘어나면서 대출 규제 또한 더욱더 강화되고 있다. 그렇지만 꼭 규제지역만 투자할 필요는 없이 규제지역을 피해서도 충분히 투자가 가능하다. 그리고 2,000만 원 미만의 목돈을 쥐고 있는 사람들에게는 그 어떠한 투자보다 소액 경매 투자가 유리하다.

이를 위해서는 매매가 대비 월세 수익이 높은 물건을 찾는 데 주안점을 두고 투자를 해야 한다. 물건을 찾는 방법은 연식이 오래되고 접근성이 떨어지더라도 꾸준한 수요와 입주민들 사이에서 살기 좋다고 평이 나 있는 아파트를 조사하면 된다. 연식에 비해 튼튼하고 내부 구조도 괜찮은 아파트도 생각보다 많다.

30대 초반 구미에서 직장을 다니는 남성분은 광주광역시 남구에 있는 1995년에 사용 승인이 된 500세대 이상으로 구성된 아파트를 낙찰받았다. 평수는 전용 면적 18평이었고 15층 중 13층으로 층수도 좋았다. 물건을 선정할 당시에는 평범해 보이는 물건이었지만 대단지이고 수요가 풍

소액 경매 투자의 정석

부한 아파트였다. 감정가는 1억 3,000만 원이었고 1회 유찰이 되어 경매 시작 가격은 9,170만 원이었다. 감정가는 1억 3,000만 원이지만 실제로 거래되는 매매가는 1억 1,000만 원~1억 1,500만 원 사이였다. 하지만 지금 시세가 거의 저점이라는 판단을 했고, 조사 과정에서 이 아파트가 1억 이하로 떨어질 가능성은 거의 없다고 판단을 했다. 그래서 1억 미만으로 입찰을 하면 처음부터 약 1,000만 원 이상 시세 차익을 기대할 수 있던 매물이었다.

낙찰자는 최저가 9,170만 원에 혼자 단독으로 낙찰을 받았다. 대출은 7,330만 원으로 낙찰가의 80% 대출 레버리지를 활용했다. 잔금을 치르고 명도를 마무리하면서 매물을 내놓기 위해 주변에 있는 부동산을 5군데 정도 돌아다녔다. 바로 매도를 하는 것보다는 월세로 내놓았고 잔금을 납부한 지 한 달도 지나지 않고 월세 세입자와 계약을 할 수 있었다. 보증금 1,000만 원에 월세는 45만 원에 계약했다.

낙찰받은 아파트의 실투자금은 낙찰가 9,170만 원에서 대출금 7,330만 원을 빼고 세입자에게 보증금 1,000만 원을 회수하면 실투자 금액은 840만 원이다. 대출이자는 한 달에 약 20만 원으로 월세 45만 원에서 이자 20만 원을 차감해도 월 25만 원의 수익이 생긴다. 840만 원을 투자하고 월 25만 원의 수익을 버는 셈이다. 낙찰자는 처음 시세보다 저렴하게 사면서 1번 시세 차익을 얻고, 보유 기간 동안 월세 수익을 받을 수 있게 되었다. 그리고 나중에 매도할 때 매도차익도 기대해볼 수 있다. 실투자

금액 1,000만 원 미만의 소액으로도 충분히 투자를 할 수 있다.

'호갱노노'라는 부동산 정보 앱이 있다. 흔히 어플(App)이라고도 하는데 그 어플을 살펴보면 보면 해당 아파트의 실거주자들이 해당 아파트에 살면서 리뷰를 작성한 것을 볼 수 있다. 해당 아파트에 직접 거주하면서 작성한 리뷰를 보면 도움이 되는 글들이 참 많다. 호갱노노에서 여기 아파트의 평을 봤더니 이런 내용이 있었다.

"아파트가 산 옆이라 여름엔 시원하고 대로변이 아니라 조용하다. 주차 공간이 협소한 것이 단점이지만 개별 난방 전환 공사를 한 지 얼마 안 되어 관리비가 줄어서 좋다."

"여름에 에어컨 튼 날이 10일 정도 됩니다. 뒤에 산이 있어서 확실히 온도 차가 있고 열대야도 다른 아파트에 비해 늦게 찾아옵니다."

대부분 좋은 후기가 많았다. 이 아파트는 입지적으로도 훌륭하다. 아직 공사 중에 있지만, 광주 지하철과도 거리가 가깝다. 이같이 지방이고 1군 지역이 아니더라도 매물이 없는 곳은 항상 존재하기 마련이다. 지방 어느 지역에서도 실수요자가 주로 찾는 매물들을 고려한 투자를 이어가야 한다. 그렇다면 투자에 실패할 확률은 제로에 가까울 것이다.

사람들은 금수저가 아닌 이상 무일푼에서 시작한다. 소액이지만 나의 소중한 종잣돈을 빨리 불리고 싶다면 부동산 경매 투자를 하길 바란다. 꼭 경매가 아니더라도 본인에게 맞는 재테크 수단을 활용해서 빠른 성과를 내길 바란다. 대출 규제가 강화되고 다주택자들을 겨냥한 대책이 쏟아지고 있지만 아무리 따져봐도 부동산만 한 재화는 없다. 오히려 돈이 없는 사람들에게는 낮은 가격에 매수할 수 있는 기회이다.

돈이 없다면 어떻게 해야 돈을 만들 수 있는지 끊임없는 연구가 필요하다. 본인과 맞는 재테크를 찾고 한 우물만 파는 전략으로 몰입하길 바란다. 종이를 태우려면 돋보기로 햇빛을 한곳에 모아야 하는 것처럼 한 가지에 몰입하면 돈이 모이는 속도가 빨라질 것이다.

R e a l
Estate
Auction

3장

부동산 경매 투자
7단계

Real Estate Auction

물건검색_어려운 물건은 피해라

단순하지 않으면 빨리 내달릴 수 없다.
―잭 웰치―

사람들이 부동산을 사는 이유는 크게 3가지이다. 첫 번째는 월세 수익을 위한 부동산, 두 번째는 시세 차익을 위한 부동산, 세 번째는 내 집 마련을 위한 부동산이다. 그중에서 경매를 선택한 이유는 시세보다 저렴하게 살 수 있다는 기대감이 가장 클 것이다. 그런데 가장 중요한 것은 부동산을 사는 목적이 중요하다.

내가 부동산을 사는 목적을 명확히 하면 물건을 고르기가 쉬워진다. 목적에 따라 물건의 종류와 지역을 고르는 데 차이가 있다. 예를 들어 '나는 월세 100만 원 받는 것이 목표야!'라며 월세 수익이 목적이라면 임대 수요가 풍부한 지역이 좋다. 대표적인 임대 수요는 보통 젊은 직장인이

나 학생 등 혼자 사는 사람들이다. 그들은 직장이나 학교에서 가깝고 생활이 편리한 곳을 중시한다. 그래서 항상 학교와 직장 주변에 월세를 받는 임대 수익 부동산들이 많다. 임대 수요는 어느 지역을 불문하고 매매 차익이 목적이라면 주변에 교통이 잘 되어있거나 호재가 있는 곳, 그리고 매매가와 전세가가 차이가 없을수록 향후 매매가가 올라갈 가능성이 높다. 따라서 매매가와 전세가가 크게 차이가 안 나는 부동산일수록 좋다. 내 집 마련이 목적이고 현재 사는 지역을 떠날 수 없다면 선택의 폭이 좁을 것이고, 이사를 고려한다면 더 넓은 범위의 물건을 비교하여 선택할 수 있다.

나의 예산에 맞는 물건에 집중하라

목적이 정해졌으면 이제 내게 맞는 물건을 찾아야 한다. 경매 사이트에서 물건을 보는 것에 흥미를 느끼면 밤새는 줄도 모르고 보게 된다. 나역시 내가 가지고 있는 자본으로 살 수 있는 물건들을 보기도 했지만 10만 원대 토지부터 10억 이상 아파트, 빌라, 다가구주택 등 여러 가지 물건들을 밤을 새며 시간 가는 줄 모르고 본 적이 있다. '이 지역의 아파트는 얼마구나.', '저 지역의 아파트는 얼마구나.', '같은 지역인데도 아파트 가격 차이가 있네?', '이 아파트는 1년 사이에 1억 원이 올랐네.', '아파트가 2,000~3,000만 원짜리도 있구나.' 등 경매 물건을 보는 것에 푹 빠지기도 한다. 이렇게 재미 삼아 봤던 부동산 정보들도 결국 다 도움이 된다. 이렇듯 물건을 다양하게 보는 것도 좋지만 본인과 상관없는 물건을 계속 본다는 것은 사실 쇼핑하듯 구경하는 것밖에 안 된다. 최대한 빠른 시간 내에 낙찰을 원한다면 나에게 맞는 물건들 위주로 검색해서 봐야 빠른 성과를 낼 수 있다.

경매 물건의 목적을 정했다면 내가 투자할 수 있는 금액을 확인해야 한다. 보통 2,000~3,000만 원의 투자 금액으로 처음 시작하는 분들이 많다. 1,000만 원 이하의 투자 금액이라면 투자를 하는 데 조금 버거울 수 있는 금액이다. 혹시라도 내가 깔고 있는 돈이 있는지 검토를 해보는 것도 좋다. 내가 현재 전세로 살고 있는데 월세로 이사하면서 여윳돈을 만들 수 있진 않은지 고민이 필요하고 이자가 적은 적금을 들고 있다면 해지를 하는 것도 방법이다. 나도 모르게 흩어져 있던 돈을 한곳으로 모으는 작업부터 선행되어야 한다. 그렇게 예산이 확정되면 나의 예산에 맞는 물건의 범위를 정해야 한다.

> **대출 70% + 내 예산 = 물건 가격**

보통 2,000~3,000만 원의 예산으로 경매를 시작하는 분들이 가장 많다. 생애 첫 주택 구입으로 '비조정지역'에 있는 부동산을 낙찰받을 경우 대출은 감정가 70%(아파트의 경우 KB 시세), 낙찰가 80% 중에서 낮은 금액으로 나온다. 감정가와 낙찰가의 갭이 작으면 감정가의 70%가 나올 것이고, 갭이 크면 낙찰가의 80%의 대출을 받을 수 있다.

대부분 낙찰가의 80%로 대출을 받지만 보수적으로 70%로 나올 것을 가정하고 계산을 한다. 내 예산이 3,000만 원이라면 1억 원 미만의 입찰이 가능하다. 1억 원 이내에서 물건을 검색하면 물건을 찾는데 훨씬 더 수월하다.

나의 고객 중에 20대 직장인 여성분은 예산이 3,000만 원이었다. 예산에서 취득세, 법무 비용 등 부가적인 비용까지 포함해야 했다. 나와 상담을 통해 월세를 받을 수 있는 수익형 부동산으로 목표를 정했다. 물건은 그 당시 '비규제지역'이었던 인천과 경기도 일부 지역으로 지하철역에서 도보로 10분 이내에 위치한 부동산으로 정했다.

〈최종 물건 범위 설정〉

1. 1억 원 미만의 아파트, 빌라, 오피스텔
2. 인천, 경기 일부 지역
3. 월세는 대출이자×2 이상
4. 역에서 도보 10분 이내

경매 사이트에서 나의 예산의 맞는 가격과 지역을 설정해서 물건을 찾으면 쉽게 물건을 찾고 거를 수 있다. 아파트와 빌라는 차이가 있다. 각각 장단점을 알아보자면 우선 아파트는 빌라보다 가격 상승률이 높다. 아파트의 가격이 오르면 주변의 빌라들도 가격이 오르긴 하지만 가격 차이의 폭이 아파트가 빌라보다 더 높다. 아파트의 단점은 같은 가격의 빌라와 비교했을 때 수익률이 낮은 경우가 많다. 전부 그런 것은 아니지만

보통 1억 원의 아파트와 빌라를 비교했을 때, 보증금은 1,000만 원이라고 가정하고 아파트는 보통 월세 40만 원을 받을 수 있다면 빌라는 월세 50만 원이 일반적인 시세이다. 보통 5~10만 원정도 월세 차이가 나는 경우가 많다. 그렇기 때문에 아파트는 월세 수익이 빌라보다 낮지만, 가격 상승률에서는 빌라보다 오르는 가격 폭이 더 큰 경우가 많다. 그래서 아파트는 최소 2년은 전세로 임대를 놓고 가격이 올랐을 때 되파는 시세 차익용 부동산으로 보유하는 것이 유리할 수 있다.

반대로 빌라는 아파트보다 가격 상승률은 낮지만, 월세 수익이 아파트보다 높기 때문에 월세 수익용으로는 아파트보다 빌라가 더 유리할 수 있다. 하지만 시간이 지날수록 빌라는 가격이 내려갈 수 있다는 점을 참고하면 상황에 맞게 더 나은 투자를 할 수 있을 것이다.

마음에 드는 물건을 찾았다면 그 물건을 낙찰받은 후에 낙찰 대금 외에 다른 비용이 추가로 나갈 것이 있는지 권리분석을 해봐야 한다. 권리분석은 2장의 '1분_권리분석' 내용을 참고하면 된다. '권리분석이 이렇게 쉬운 거였나?' 싶을 만큼 쉽고 핵심적인 내용을 담아놨으니 참고하기 바란다. 권리분석을 해보고 문제가 없으면 그 부동산에 대한 가치분석을 해보면 된다. 그 부동산의 시세, 위치, 교통, 학군, 편의시설(백화점, 종합병원, 영화관 등)을 네이버 부동산, 네이버 지도, 로드뷰, 그 밖에 부동산 정보 사이트를 통해 알아보자. 최대한 손품을 통해 시세 대비 수익이 될 물건이라고 판단하면 현장 조사(임장)를 하러 가면 된다. 현장 조사를 통해 입찰 여부를 결정을 하면 된다.

첫 투자는 2,000만 원 이내가 리스크를 줄이는 방법이다

경매 투자를 처음 하는 분들에게 항상 강조하는 나만의 조건이 있다.

첫 번째는 투자 금액이 여유가 있어도 첫 건은 투자 금액 2,000만 원 이내에서 투자를 하도록 코치를 하는 편이다. 첫 투자를 하는 사람들은 대부분 첫 투자에 대해 두려움을 갖는다. 그중에 대출 이자에 대한 두려움이 있다. 보통 경매 투자를 할 때 경매 낙찰을 받고 대출을 받아서 잔금을 낸 후 통상적으로 대출이자는 3개월 정도 비용으로 잡는다. 1억 원의 대출이자는 월 30만 원 정도 나오는데 낙찰받은 부동산이 임대되는 기간이 길어져서 이자 납입에 부담을 갖는 경우가 있다. 그래서 첫 투자는 5~7,000만 원대에 매물부터 시작하게끔 물건 추천을 한다. 대출이자도 크게 부담이 없다.

조사하는 물건의 월세는 대출이자의 2배 이상을 받는 물건이어야 한다. 7,000만 원 물건을 낙찰받아서 5,000만 원에 대출을 받았다고 하자. 5,000만 원의 대출이자는 3.5%로 가정했을 때 월 15만 원 정도 나온다. 그러면 월세는 무조건 30만 원 이상 받는 물건이어야 한다. 보통 1년 후 대출 원금과 이자를 같이 내는 원리금을 상환해야 하는데 보통 이자의 2배이다. 그것을 상환하기 위해서는 원리금보다 더 높은 월세 30만 원 이상을 받을 수 있는지 꼭 체크해봐야 한다. 경험상 대부분의 물건은 이 조건을 충족하는 것들이 많으니 큰 걱정을 하지 않아도 된다.

마지막으로 가장 중요한 세 번째는 쉬운 경매를 하는 것이다. 첫 투자를 어렵고 힘들다고 느끼게 되면 다음 투자를 이어나가기가 쉽지 않다.

"집주인이 나가지 않아요.", "과도한 이사 비용을 요구해요.", "낙찰 후에 집이 파손이 될까 봐 불안해요." 등등 경매 초보자분들의 걱정은 똑같다. 그러나 이런 걱정은 크게 하지 않아도 된다. 안전하고 쉬운 물건만 찾으면 된다. 내가 가장 선호하는 방법은 '배당금을 일부 혹은 전부를 받는 임차인'이 살고 있는 집이다. 이런 경우에는 임차인도 법원에서 받을 돈이 있는데 낙찰자가 직접 인감도장을 찍어서 줘야 하는 '명도확인서'가 필요하다. 임차인은 이 명도확인서를 받기 위해 낙찰자에게 최대한 협조를 한다. 거기서 이사비용을 요구하는 사람은 드물다. 나는 쉽고 평범한 물건들로 지금껏 수익을 내왔고 앞으로도 그런 물건들은 많을 것이다.

흔히 말하는 특수 물건이라고 불리는 어려운 물건들로 명도도 안 되고, 먼저 변호사 선임비용 200~300만 원 내가면서 시간 낭비, 에너지 낭비할 필요가 없다. 우리의 목적인 빠르게 월세 수익을 만들고 시세 차익을 만드는 것과 맞지 않다. 그럴 시간에 월세가 나오는 수익형 부동산을 하나 더 만드는 것이 경제적 자유를 이루는 지름길이란 것을 잊지 말자.

지금까지 물건 검색을 하는 방법을 알아보았다. 아직 한 번도 입찰하지 않았다면 투자 금액이 얼마가 있건 상관없이 먼저 2,000만 원으로 월세를 받을 수 있는 물건에 첫 투자를 해보자. 권리분석에 문제가 없고 이왕이면 보증금을 일부 혹은 전부를 받는 세입자가 사는 집으로 낙찰을 도전해보자. 세입자와 협상도 아주 원만하게 마무리가 될 것이다. 그렇게 임대를 놓고 월세를 받으면 월세 금액을 떠나 세입자에서 집주인으로 마인드가 바뀔 것이다. 이렇게 한 번 경험하면 많은 것을 배울 것이고 투자에 대해 자신감을 느끼게 될 것이다.

현장답사_박카스 한 병의 힘

당신이 가지고 있는 최선의 것을 세상에 주라.
그러면 최선의 것이 돌아올 것이다.
-M.A. 베레-

마음에 드는 물건을 찾고 권리분석을 마쳤다면 이제 이 물건이 수익을 낼 수 있는 물건인지, 내부, 외부에 하자는 없는지 조사를 할 차례다. 온라인을 통해 해당 물건에 대한 정보들을 알아보고 그것이 맞는지 확인하는 수준으로 현장 조사를 해도 충분하다.

물건을 구매할 때 가장 중요한 것은 무엇일까? 바로 가격을 파악하는 것이다. 그 부동산의 정확한 가격을 파악해야 사는 가격도 정할 수가 있다. 가격을 조사할 때는 우리가 잘 알고 있는 네이버 부동산을 적극적으로 활용하면 된다. 가격을 구할 땐 해당 물건과 최대한 같은 조건의 물건을 찾아서 알아봐야 한다.

아파트의 경우는 워낙 정보가 잘 나와 있어서 가격을 구하기가 쉽다. 먼저 경매로 나온 매물과 같은 동, 같은 평수로 먼저 맞춘다. 그다음에 가장 저렴하게 나온 물건이 얼마인지 알아보자. 가장 저렴한 물건과 내가 입찰할 물건이 층수, 구조가 비슷한 조건이라면 그 가격보다는 더 낮게 입찰할 계획을 갖자. 경매 매물과 비슷한 조건의 실거래가, KB 시세도 확인하자. 대출의 기준은 KB 시세이다.

또 하나 중요한 것은 미납관리비의 여부이다. 보통 유료 경매 사이트에 미납관리비가 있으면 공시가 되어 있다. 정확한 미납관리비는 관리사무소에 연락해서 답을 구하는 것이 빠르다. 미납관리비는 공용 부분과 전용 부분으로 나뉘는데 공용 부분에 관한 부분 3년 이내의 요금만 낼 의무가 있다는 것은 참고하기 바란다. 결국 정확한 가격은 관리사무소가 알고 있다. 실거래가, KB 시세도 확인하자. 대출의 기준은 KB 시세이다.

빌라의 경우는 아파트와는 다르게 각각 개별성 때문에 정확한 시세를 구하기가 까다롭다. 부동산 정도 사이트에서 비슷한 연식, 비슷한 평수, 비슷한 층의 빌라를 여러 개 모아서 가격 평균을 구해보자. 그다음 현장 조사 때 부동산을 방문하여 시세를 알아보고 참고하면 가장 근접한 시세를 구할 수 있다.

그 밖에 온라인 지도를 활용해서 도시의 전반적인 규모, 위치, 교통, 학군, 편의시설에 대한 전체적인 입지 조사를 할 수 있다. 지도의 활용은 다양하다. 해당 부동산에서 역까지 거리가 얼마나 되는지 병원까지 거리는 얼마나 되는지 한눈에 알 수 있다. 집이 남향인지, 도로에 붙어 있는지, 앞이 막혀 있는지 확인도 가능하다. 지도를 보면 '로드뷰'라는 기능도 참 유용하다. 실제로 길에 서서 보는 것처럼 해당 부동산 주변을 보고 싶을 때 유용하다. 온라인으로 시세와 입지 조사를 했다면 입찰을 하기 전에 꼭 현장 조사를 하러 가자.

현장 조사를 하지 않는 것은 망하는 지름길

현장 조사는 무조건 해야 하는 필수 과정이다. 현장 조사를 하면서 '여기 안 와봤으면 큰일 날 뻔했다. 오길 잘했다.'라고 생각했던 경험이 너무 많다. 막상 가보니 천장에서 물이 흐르고 있거나, 벽이 갈라져 있는 경우도 있었다. 이렇듯 온라인에서 볼 수 없었던 것들을 현장 조사를 통해 채워나가야 한다.

직장인들은 주말을 이용해서 현장 조사를 가볼 것이다. 현장 조사는 일요일보다 토요일을 추천한다. 일요일은 대부분의 부동산이 휴무인 곳이 많기 때문이다. 현장 조사를 할 때 가장 먼저 가볼 곳은 당연히 해당 매물이다. 해당 매물 앞에 가면 기분이 묘할 것이다. 아무것도 안 했는데 괜히 떨리는 기분이 든다. 초인종을 눌러볼까? 쉽사리 누를 수 있는 사람은 아마 드물 것이다. 나 같은 경우에는 대부분 초인종을 누른다. 단지 '당당하게 누르는 경우'와 '살짝 떨리는 경우,' 2가지로 나뉜다.

내가 초인종을 당당하게 누르는 경우는 '배당금을 일부 혹은 전부를 받는 세입자'가 사는 경우이다. 이런 경우에는 세입자가 입찰자에게 나쁜 감정은 없다. 빨리 이 경매가 마무리되어 배당금을 받고 싶은 마음이 더 클 것이다. 누군가 낙찰을 받아야 거기에서 배당금을 받기 때문이다. 물론 보증금을 다 돌려받지 못하는 경우도 있다. 그런 경우에는 "마음고생이 심하셨겠습니다. 앞으로 좋은 일만 가득하길 바랍니다."라고 위로의 한마디를 건네기도 한다. 이렇게 세입자가 거주하고 있는 경우에는 집의 내부를 보는 것도 수월하다. 내부를 보는 것은 정말 중요하다. 내부를 보고 입찰을 포기한 적도 많고 반대로 입찰을 해야겠다는 확신이 드는 경우도 있다.

나: "혹시 저 말고도 다른 사람들도 많이 왔죠?"

세입자: "네 많이 왔었습니다."

나: "그렇군요. 많이 힘드셨겠습니다. 저까지 힘들게 해서 죄송합니다."

세입자: "아니, 괜찮습니다."

나: "감사합니다. 혹시 만약에 제가 이 집을 낙찰받으면 저와 재계약을 할 의향은 있으신가요?"

세입자: "아. 그럼 저야 좋죠. 또 이사를 하기도 번거롭기도 하고, 이 집이 가격 대비 나쁜 편은 아니라…"

나: "아 그렇구나. 그러면 지금 살고 있는 임대료 그대로 하실 계획은

있으신 거죠?"

세입자: "그럼 좋죠."

나: "네 잘 알겠습니다."

이런 경우는 보증금을 전부 혹은 일부를 배당받는 세입자가 재계약을 할 의향이 있는 경우이다. 보통 세입자 중에서는 본인이 꼭 나가야 한다고 생각하는 경우도 있다. 나는 이런 식으로 재계약을 많이 하는 경우가 많다. 싫다고 하면 월세를 조금 빼줘서라도 또 한 번 제안한다. 재계약을 하면 명도를 하고 난 뒤, 기본적인 수리 비용을 아낄 수 있고 공실 기간이 없기 때문에 비용과 시간을 아낄 수 있기 때문이다. 꼭 배당금을 받는 점유자가 아니더라도 재계약 의사는 물어보는 것이 좋다. 재계약을 한다는 정보를 안다면 수익률을 계산하기가 더 수월해진다.

초인종을 누르기가 조금 꺼려지는 경우는 세입자가 아닌 집주인이 거주하는 경우이다. 집주인의 경우는 호의적인 경우보다 불친절한 경우가 더 많다. 초인종을 누르기 전에 투자하러 왔지만 긴장하는 나 자신의 모습을 볼 수 있을 것이다. 그렇지만 생각의 전환이 필요하다. 투자자는 집주인의 채무를 가장 많이 갚아주는 사람이다. 어떻게 보면 집주인이 낙찰자에게 고마워해야 하는 부분이다. 이 생각을 가지고 당당히 초인종을 누르기 바란다.

Give하면서 Take하라

집의 내부와 외부를 다 보고 문제가 없다면 이제 부동산에 갈 차례이다. 부동산에 가는 이유는 입찰하려는 집에 시세와 최대한 빨리 세입자를 맞출 수 있는 임대 가격을 알기 위함이다. 부동산을 갈 때는 주변에 부동산이 많이 없다면 한 곳 한 곳 다 가봐야 하겠지만 여러 곳이 있다면 가장 활발하게 운영하고 있는 소위 '대장' 부동산에 가는 것이 중요하다. 장사가 잘되는 곳 말이다. 장사가 잘되는 집은 손님도 많고 긍정적이다. 또한 낙찰을 받으면 나의 부동산을 계약시켜줄 것이다. 부동산은 여러 곳을 가면 갈수록 좋겠지만 경매 초보자일수록 최소 3곳은 가보는 것으로 하자. 부동산을 갈 때 꼭 지켜줬으면 하는 2가지가 있다. 하나는 빈손으로 가지 않기, 또 하나는 솔직함이다.

우리가 부동산을 가는 이유는 정보를 얻기 위함이다. 정보도 서비스 곧 무형의 재화이다. 세상에 공짜는 없다. 서비스를 받으러 가는데 빈손으로 갈 수 없다는 말이다. 그런데 대부분 부동산은 빈손으로 들어간다. 빈손으로 들어가서 내가 원하는 정보만 얻고 나오길 바란다. 부동산 사장님은 나를 위해 정보와 시간을 주는데 말이다. 나 같은 경우는 부동산에 들어갈 때 빈손으로 가지 않는다. 내 차 트렁크에는 항상 박카스가 있다. 인터넷으로 사면 조금 더 저렴하게 살 수 있는 것도 팁이다. 그렇게 나는 박카스 한 박스를 들고 부동산에 들어간다.

소액 경매 투자의 정석

박카스를 들고 부동산에 들어가면 사무실에 있는 사장님과 직원들이 나를 대하는 태도가 친절하다는 것을 느낄 것이다. 박카스를 사서 들어오는 손님은 드물기 때문이다. 그리고 경매에 관련해서 궁금한 내용을 질문하면 된다. 아주 솔직하게 말이다. 십중팔구 친절하게 자세하게 알려줄 것이다. 어떤 경매 강사분들은 거짓으로 연기를 하라고 하는데 그것은 부동산 사장님을 배려하지 않는 행동이다. 그리고 어설픈 거짓말은 금방 들통날 수 있다. 설사 속이고 나오는 데 성공했다면 한동안 죄책감이 들 것이다. 왜냐하면 그 부동산 사장님은 "좋은 물건 나오면 연락해주세요."라고 거짓말을 하고 나온 그 사람에게 진짜 좋은 물건을 소개해주려고 연락을 할 것이기 때문이다. 그때마다 그 사람은 "네 생각해보겠습니다."라고 할 것이다. 그러면 서로 감정 낭비를 하게 될 것이다.

요즘 부동산 정보를 구할 수 있는 사이트들이 너무 많다. 빌라 시세를 알 수 있는 사이트, 땅 거래 가격을 알 수 있는 사이트 등 '과거에 이 집은 얼마에 산 것일까?' 조사하면 다 알 수 있는 세상이다. 그렇게 온라인으로 정보를 구한 뒤 꼭 현장 조사는 필수이다. 나는 현장 조사를 하면서 '오길 정말 잘했다.'라는 생각을 너무 많이 했기 때문이다.

부동산 경매를 하면서 마음에 드는 물건을 발견했을 때 임장을 해야 하긴 하는데 멀기도 하고 온라인으로도 충분히 조사한 듯해서 가기 싫은 마음이 생기는 것은 누구나 똑같다. 하지만 신축 건물이 아닌 이상 현장 조사는 필수이다. 현장 조사로 건물에 하자를 발견해서 몇백만 원에 수리비를 피할 수 있고 세입자를 만나서 재계약 여부를 알 수 있고 부동산에 방문해서 나의 몸속에 있는 부동산 근육을 기를 수 있을 것이다.

03

입찰_프로는 아무 말이 없다

성공한 사람은 실패한 사람이 좋아하지 않는
일을 하는 습관이 있는 사람이다.
−토머스 에디슨−

마음에 드는 물건을 찾고 온라인과 현장 조사를 통해 수익이 나는 물건이라고 판단했다면 이제 본격적인 입찰 준비를 할 것이다. 입찰에서 가장 중요한 것은 무엇일까? 낙찰을 받는 것일까? 물론 낙찰도 중요하다. 낙찰을 받아야 임대나 매도를 통해 수익을 낼 수 있으니 말이다. 그러나 가장 중요한 것은 입찰가를 정하는 것이다.

무조건 낙찰을 받기 위해 시세보다 비싸게 낙찰을 받으면 수익을 내기 어렵다. 그렇다고 너무 저렴하게 입찰을 하는 것도 낙찰을 받기가 어렵다. 우리는 수익과 낙찰 이 2가지를 동시에 가져와야 한다. 그래서 입찰가를 정하는 것은 중요하다.

입찰가는 소신 있게 하라

> **급매가 > 입찰가 + 부대비용**

입찰가는 내가 입찰하고자 하는 물건의 가격을 정확하게 파악하는 것이 중요하다. 평균적인 가격이 아니라 지금 시장에 내놓으면 금방 팔릴 수 있는 급매가격이어야 한다. 그 급매가격이 내가 입찰하고자 하는 입찰가격과 부대비용(취득세, 법무 비용, 명도 비용, 수리비 등)을 합한 가격보다 커야 한다. 아파트의 경우에는 미납관리비까지 고려해야 한다. 그 외에 비용들은 일반 매매를 했을 때도 지출되는 비용이다. 경매의 장점 중의 하나는 부동산을 살 때 중개 보수가 들지 않는다는 점도 있다.

입찰가를 일반 시세와 별 차이 없이 입찰하는 투자자 중에서 처음 입찰하는 투자자는 거의 없다. 대부분 한 번도 낙찰을 못 받고 여러 번 패찰만 한 투자자들이 오기가 생겨서 낙찰을 받고 싶은 마음에 높게 쓰는 경우가 많다. 그 마음에 공감한다. 여러 번 패찰을 하면 "여긴 어디? 나는 누구?"라는 말이 육성으로 나올 수도 있다. 그러나 입찰가를 산정하는 원칙은 꼭 지켜야 한다. 입찰가를 정했으면 법원에 가서도 그 가격을 그대로 입찰하자. 법원에 모인 많은 사람들의 분위기에 휩쓸려서 높은 입찰가를 쓰지 말아야 한다. 높은 가격에 낙찰을 받으면 나중에 매도할 때 가격을 높여야 하니 큰 어려움을 겪을 수 있다. 부동산은 사는 것도 중요하지만 내가 원할 때 팔 수 있는 것! 즉 '출구 전략'도 중요하다. 그렇기 때문에 정확한 시세를 알고 그보다 낮은 가격에 낙찰을 받아야 한다. 그래야 나중에 시세에 맞춰서 매도해도 손해를 보지 않는다. 정확한 시세를 파악하는 것이 입찰가 선정의 핵심이라는 것을 기억하자.

여유가 승패를 좌우한다

처음 입찰을 하는 초보 투자자라면 입찰일 하루 전날에는 긴장되고 설레는 밤을 지낼 것이다. 나 역시 그랬다. 처음 입찰을 하러 갔던 법원은 '수원지방법원 평택지원'이었다. 다음 날 아침에 늦게 일어날까 봐 2대의 휴대폰으로 여러 개 알람을 맞춰놓기도 했다. 너무 불안해서 '그냥 법원 근처에서 잘까?' 고민하기도 했다.

보증금은 미리 수표 한 장으로 뽑아두었고 도장과 신분증과 함께 가방에 고이 챙겨두었다. 가방에 입찰 보증금, 도장, 신분증을 잘 챙겼는지 몇 번을 확인했는지 모른다. 그렇게 다음 날 아침 일찍 일어나서 법원으로 출발했다. 나와 아내는 9시에 법원에 도착했다.

법원이라는 곳은 나에게 낯선 곳이라서 기분이 묘했다. 법원은 왠지 안 좋은 일로 오는 곳이라는 편견이 있었다. 경매를 집행하는 경매법정이 따로 있다. 법원에는 2~3명 미리 온 사람들이 있었다. 법원에 따라 조금씩 차이가 있는데 입찰 봉투를 10시부터 11시~11시 40분까지 걷기도 한다. 처음에는 '경매하는 사람이 많이 없나?'라는 생각이 들었는데 시간이 지날수록 사람들이 모여들기 시작했다.

법원에는 대출 상담사분들이 계신데 그날 진행을 하는 물건 목록들이 인쇄된 정보지를 나눠준다. 그 물건 순서대로 경매가 진행된다. 나는 그 정보지에 내가 입찰할 물건에 동그라미를 쳐놓고 아내와 그 물건에 대해 서슴없이 대화를 나눴다. 시간이 지날수록 준비된 의자보다 더 많은 사람들이 모였다. 법정 밖에까지 사람들이 많았다. 20대로 보이는 젊은 사람부터 할아버지뻘로 보이는 어르신분들까지 연령대는 다양했다. 입찰하러 온 사람들이 일렬로 서서 열심히 '입찰표'를 작성하는 모습도 보였다. 이런 모습들을 보며 '나이 불문하고 열심히 투자하는 사람들 정말 많구나.'라는 생각을 하며 자극을 받기도 했다. 11시가 지나자 입찰을 마감하고 법원 직원들이 입찰 봉투를 정리하는데 이것을 '개찰'이라고 한다.

나는 과연 낙찰될까? 첫 입찰에 대해 마음이 들떠 있었다. 시간이 지나 내가 입찰한 물건 순서가 왔다. 심장이 두근두근 마치 중요한 시험 결과를 기다리는 기분이었다. 결과는 패찰이었다. 9명이 입찰했는데 그중에 거의 꼴등이었다. 그렇게 나의 첫 입찰을 마무리했다. 그로부터 1주일 후 두 번째 입찰에서는 당당히 경기도 안성에 있는 아파트를 낙찰받았다.

법원은 내가 입찰하고자 하는 물건의 관할 법원으로 가는 것이다. 내가 인천에 있는 물건을 입찰하고자 한다면 인천으로 가야 하고 부산 물건기면 부산에 있는 관할 법원으로 가야 한다. 입찰 시간은 보통 10시부터 11시 또는 11시 10분, 20분, 40분까지 법원마다 차이가 있다. 이 부분은 인터넷으로 검색을 해보면 되는데 '11시에 마감이 된다.'라고 생각하면 편하다.

그런데 처음 입찰을 하는 것이라면 10시에서 11시까지 시간을 너무 맞춰서 가지 않도록 한다. 조금 더 일찍 움직여서 9시까지 가보도록 하자. 대부분 해당 법원을 처음 가보는 경우가 대다수일 것이다. 태어나서 법원을 처음 가보는 분도 있을 것이다. 법원 내에서도 경매법정이 따로 있기 때문에 처음 가보는 경우에는 찾느라 시간이 걸릴 수도 있다. 10시 이후에 가면 주차장도 혼잡할 수 있다. 보증금을 준비하지 않았다면 보증금도 찾아야 할 것이고 입찰표를 미리 작성해놓지 않았다면 입찰표도 작성해야 한다. 입찰표를 처음 작성하는 것이라면 시간이 꽤 걸릴 것이다. 처음 입찰하는 경우에는 9시까지 관할 법원에 가서 여유 있게 입찰을 하고 오는 것으로 정해놓자. 그 이후에는 본인 스스로 컨디션에 맞춰서 시간을 효율적으로 사용하게 될 것이다.

경매 입찰을 하기 위해 법원에 가면 대출상담사분들이 본인들의 명함과 경매 물건이 인쇄된 정보지를 나눠줄 것이다. 그 정보지에 나온 순서대로 경매를 진행하게 된다. 그 정보지에 있는 입찰하려는 물건에 동그라미 혹은 브이 표시를 하는 경우가 있다. 그리고 입찰하는 물건에 대해 같이 온 사람들과 대화를 하는 경우가 있다. 또는 전화로 옆의 사람들이 들릴 정도로 대화를 나누는 경우가 있다. "OO동에 있는 아파트에 입찰했는데 1억 2,000만 원 적었어. 그런데 왠지 패찰될 것 같아."라고 옆 사람이 다 들리게 통화를 하기도 한다. 또 큰 봉투에 본인이 입찰한 경매 사건 번호를 크게 써서 가지고 다니는 사람들도 봤다. 그러나 기억하라! 경매는 눈치 싸움이기도 하다. 이번 장의 소제목처럼 '프로는 아무 말이 없다.' 대충 눈치를 챘는가? 그렇다. 법원에서는 내가 입찰한 물건을 노출하지 말자. 특히 금액은 더더욱 노출하지 말자. 내 옆 사람이 나와 같은 물건에 입찰하려던 사람일 수도 있다. 그럼 그 사람은 본인이 생각했던 금액보다 더 높은 가격으로 입찰한다면 나는 패찰할 수도 있는 것이다.

지금은 아니지만, 예전에 나는 입찰표를 가장 늦게 냈던 적이 있다. 혹여나 나와 같은 물건에 입찰자가 있는지 살폈기 때문이다. 그렇게 살핀 후에 마감 시간 직전에 입찰 가격을 적어서 제출했다. 사실 큰 의미가 없는 행동이라는 생각이 들어서 지금은 입찰 전날 미리 입찰할 가격까지 적어서 서류를 준비해 간다. 그래도 입찰하러 법원에 갔을 때 입찰하는 물건과 가격은 다른 입찰자들에게 노출하지 말자.

입찰 당일 변경, 취하 여부를 확인하라

입찰 당일 경매법정으로 출발하기 전에 꼭 확인해봐야 할 절차가 남아 있다. 바로 내가 입찰할 물건의 날짜가 변경되었거나 취하됐는지 확인해

보는 것이다. 입찰하는 당일에도 채무자가 빚을 갚았을 경우도 있고, 절차상의 문제가 생겨서 취소될 수도 있다. 이것을 확인하는 방법은 대법원 경매 사이트에 들어가서 내가 입찰할 물건을 클릭한 후 물건 상세 검색과 문건/송달 내역 순으로 들어가면 확인할 수 있다. 이렇게 입찰 당일에도 내가 입찰할 물건이 경매 진행을 하는지 확인을 해야 한다. 하지만 이런 경우가 흔한 일이 아니라서 확인을 잘 안 하는 경우가 있다.

실제로 확인을 하지 않고 여주까지 갔다가 기간이 변경되어 돌아온 경험이 있다. 경매 회사에 다닐 때였다. 나와 팀원 2명까지 총 3명은 여주에 있는 10억 원대 토지에 입찰하기 위해 여주 법원으로 가고 있었다. 법원에 거의 도착할 때쯤 입찰 보증금을 회사로부터 받기 위해 연락을 했는데 보증금을 보내주는 직원이 "팀장님, 이 물건 취하됐네요."라고 했다. 가장 기본적인 확인을 하지 못한 것이다. 그것도 3명이 전부 다 말이다. 그때는 정말 허탈했다. 자주 있는 일이 아니기에 놓쳤던 부분이었다. 그 이후에는 습관적으로 입찰 당일에 경매 사건이 진행되는지 확인하는 습관이 굳어졌다. 입찰 당일에 사건의 변경 혹은 취하될 가능성은 작다. 하지만 '돌다리도 두들겨 보고 건너라.'고 했다. 조심해서 나쁜 건 없으니 꼭 재확인하는 습관을 갖자.

처음 입찰을 하러 가는 경우에는 여유 있게 미리 도착해서 입찰하자. 처음 입찰표를 작성하다 보면 긴장도 되고, 내가 제대로 작성한 것이 맞는지 확인하고 재확인을 할 것이다. 나 같은 경우는 처음에 입찰표를 작성할 때 손이 벌벌 떨리더라. 그러다 보면 어느새 시간은 금방 가 있을 것이다. 너무 늦게 가면 시간에 쫓기다 보니 마음이 급해질 것이다. 경매에서 대부분의 실수는 급한 마음에서 비롯된다. 마음이 급하다 보니 금액에 '0'을 하나 더 써서 10배로 낙찰을 받아 보증금을 반환받지 못하는 경우가 생기기도 하고, 입찰 보증금을 부족하게 넣어서 취소되는 경우도 적지 않다. 단돈 10원이라도 보증금이 부족하면 입찰 취소가 된다. 첫 입찰은 꼭 여유 있게 하고 여유 있게 낙찰을 받아오자. 내가 입찰할 물건과 가격은 절대 비밀이다. 그리고 가장 중요한 건 눈앞의 수익이 아닌 정확한 시세를 구해야 한다는 것을 꼭 명심하자.

04

대출_알아볼수록 좋은 조건이 나온다

30분을 티끌과 같은 시간이라고 말하지 말고,
그동안이라도 티끌과 같은 일을 처리하는 것이 현명한 방법이다.
-요한 볼프강 폰 괴테-

대출을 알아봐야 하는 단계에 왔다면 그동안 물건을 조사하는 것을 시작으로 낙찰을 받기까지 많은 과정이 있었을 것이다. 처음 경매를 시작한 투자자라면 낙찰은 큰 목표였을 것이다. 낙찰을 받았으니 큰 고개를 넘었다고 보면 된다. 투자자가 낙찰을 받은 것은 중요하다.

하지만 앞으로의 계획을 어떻게 짜느냐에 따라 수익이 결정되기 때문에 낙찰 이후에 과정도 중요하다. 낙찰 후에는 대출을 받아 잔금납부를 하면서 소유권을 이전하게 된다. 그 후 낙찰받은 집에 점유자를 명도하고 최종적으로 임대나 매매를 통해 수익을 실현하면 경매의 한 사이클을 마무리하게 된다.

┌───┐
│ **낙찰 → 매각허가결정 → 매각허가확정 → 잔금납부 → 배당** │
└───┘

경매는 낙찰을 받았다고 해서 바로 소유권을 가져올 수 있는 것은 아니다. 일반 매매 같은 경우에는 계약금을 넣고 계약서를 작성 후 잔금을 치르면 소유권을 가져올 수 있다. 그러나 경매는 낙찰을 받았다고 하더라도 2주 동안 기다려야 하는 과정이 필요하다. 법원은 낙찰 후 1주일간 경매 진행 절차상 불허가 사유가 있는지 확인하여 별 이상이 없다면 '매각허가결정'을 내린다. 남은 1주일은 낙찰받은 물건의 이해관계인들(소유자, 채권자, 채무자, 낙찰자)이 이의제기를 할 수 있는 기간이다. 이의제기가 없다면 매각허가결정이 '매각허가확정'이 되고 낙찰자는 매수인이 된다.

낙찰을 받고 2주 뒤 매각허가확정을 받으면 법원은 매수인에게 기간 내에 잔금을 납부하라는 통지서를 보내준다. 보통 매각허가확정을 받고 1달 이내의 기간을 준다. 그 기간 내에 가장 좋은 대출조건을 알아보고 법무사를 통해 잔금을 내면 그 물건에 대해 누구에게나 권리를 주장할 수 있는 진정한 소유자가 된다. 잔금을 내고 약 한 달 전후로 해서 배당 기일이 정해진다. 이날 모든 이해관계인이 배당을 받으면서 해당 경매 사건은 마무리된다.

낙찰 후 2주 동안은 '내 것인 듯, 내 것 아닌, 내 것 같은 물건'이 된다.

소액 경매 투자의 정석

근데 보통 낙찰 후 1주일 뒤 매각허가결정이 되면 거의 내 것이 됐다고 보면 된다. 이의제기를 하려면 입찰하는 것과 같이 10%의 보증금을 내고 이의제기를 해야 한다. 그런데 패소하면 보증금을 돌려받지 못하기 때문에 쉽게 이의제기를 하지 못한다.

대출은 낙찰을 받는 날부터 알아보라

법원에서 낙찰을 받으면 영수증을 받고 밖으로 나갈 때 대출상담사들이 몰려들 것이다. 그리고 명함들과 연락처를 물어볼 것이다. 이때 '괜찮습니다.'라고 그냥 가는 것이 아니라 적극적으로 연락처를 알려주고 명함도 여러 장 챙겨야 한다. 낙찰을 받으면 일반 대출이 아니라 '경락잔금대출'이라는 대출을 받을 텐데 일반 주거래 은행들이 아니라 대출상담사분들이 소개시켜주는 대출을 받는 것이 더 낮은 금리와 좋은 조건으로 대출을 받을 수 있다. 대출상담사들에게 연락처를 알려줬으니 당일에도 대출조건에 대한 문자가 올 것이다. 문자는 대출 가능 금액, 금리, 거치 기간, 중도상환 금리에 대한 내용이 담겨 있다.

대출상담사들이 물어보는 질문들이 있는데 대표적으로 5가지다.

-사건번호-
1. 주택 보유 수(지역 포함)

2. 신용등급

3. 직장인 연봉

4. 소득금액증명원 2개년

5. 1년 카드사용금액

이 질문에 대한 답변을 미리 준비해놓으면 편하다. 대출상담사에게 문자를 보낼 때도 이 정보를 준비가 되는 대로 기재해서 보낸다면 대출상담사로부터 더욱 정확한 정보를 받을 수 있다. 직장인이라면 소득 증빙을 하기가 쉽지만, 무직이라면 카드 사용을 소득 증빙용으로 제출할 수 있다. 같은 물건이라도 낙찰자의 5가지 조건에 따라 대출 금액이 차이가 있을 수 있다. 그래서 단순히 "대출은 얼마나 나오나요?"라고 질문하면 정확한 대출 금액을 알 수 없기 때문에 본인의 정확한 정보를 함께 제공하며 문의하자.

대출 가능 금액의 기준은 어떻게 될까? 많은 사람들이 낙찰가의 80%가 나오는 것으로 알고 있다. 반은 맞고 반은 틀린 말이다. 물건의 종류, 유찰 횟수, 낙찰 가격에 대출 비율이 달라질 수 있다. 대출 가능 금액은 개인의 신용등급과 소득에 따라 차이가 있지만 보통은 비규제지역을 기준으로 감정가의 70%, KB 시세의 70%, 낙찰가의 80% 이 3가지 중 가장 낮은 금액으로 대출이 가능하다. 금리는 2~3% 후반까지 다양하다. 대부분 거치 기간은 1년이고 중도상환수수료는 3년 동안 1% 일 차감을 하는

소액 경매 투자의 정석

조건이 일반적이다.

A. 감정가 1억 원 / 낙찰가 1억 원

= 대출 가능 금액 7,000만 원(낙찰가의 70%)

B. 감정가 1억 5,000만 원 / 낙찰가 1억 원

= 대출 가능 금액 8,000만 원(낙찰가의 80%)

위 사례로 대출 가능 금액을 알아보자.

A 사례를 보면 감정가 1억 원의 아파트를 1억에 낙찰받았다고 가정해 보자. 편의를 위해 감정가와 KB 시세는 동일하다고 가정한다. 이 경우 감정가의 70%는 7,000만 원, 낙찰가의 80%는 8,000만 원이다. 둘 중 낮은 가격은 감정가의 70%인 7,000만 원이 대출 가능 금액이다. 낙찰가의 70%를 대출받은 셈이다.

B 사례를 보면 감정가 1억 5,000만 원의 70%는 1억 500만 원이고, 낙찰가의 80%는 8,000만 원이다. 둘 중 낮은 금액은 낙찰가의 80%로 8,000만 원이 대출 가능 금액이 되겠다. 이처럼 같은 1억 원에 낙찰을 받아도 대출 금액의 차이가 있다. 대출 금액의 차이가 나는 이유를 눈치채셨는가? 바로 감정가와 낙찰가의 차이에 있다. 감정가와 낙찰가의 차이가 없다면 70%, 차이가 클수록 80%의 한도로 대출을 받을 수 있다고 보면 된다.

대출은 알아볼수록 더 좋은 조건이 반드시 나온다

대출 가능 금액을 최대한 여러 군데에 알아보라고 하는 이유가 있다. 많이 알아볼수록 조건들이 다들 비슷하긴 하지만 10곳 중 1곳은 생각보다 많은 금액이 나올 수도 있다. B 사례를 보면 감정가의 70%와 낙찰가의 80% 중 낮은 금액으로 대출이 나오지만, 감정가의 70%의 금액으로 대출이 나오기도 한다. 70%는 1억 500만 원이라서 낙찰가보다 더 높기 때문에 그렇게까지 나오는 것은 불가능하지만 분명한 건 8,000만 원 이상이 나올 수 있다는 이야기다. 9,000만 원이 나올 수도 있고 9,500만 원이 나올 수도 있다.

다른 경매 사례들을 보면 낙찰가의 90% 이상 받은 사례들도 쉽게 찾아볼 수 있다. 낙찰가 대비 95% 대출을 받은 경우도 본 적이 있는데 감정가 대비 60%로 낙찰을 받은 경우였다. 이는 감정가 대비 워낙 저렴하게 받아서 감정가와 낙찰가의 금액이 큰 차이가 있기 때문에 가능한 것이다.

나의 교육생 중에서 서울 강동구에 거주하는 30대 여성 직장인이 있다. 이 직장인은 놀랍게도 중국인이었는데 처음에는 한국말을 너무 유창하게 잘해서 중국인인 줄도 몰랐다. 이 고객의 남편은 한국인이었고 자녀도 2명이 있었다. 이 고객은 당시 비규제지역이었던 인천 서구 왕길동에 있는 빌라를 낙찰받았다. 감정가는 2억이었고 낙찰가는 1억 4,370만 원이었다. 대출 가능 금액을 산정해보면 감정가 70%는 1억 4,370만 원과 낙찰가의 80%는 약 1억 1,500만 원 이 둘 중 낮은 금액인 낙찰가의

80% 1억 1,500만 원이 가능한 금액이 된다. 당시 남편분과 고객 둘이 공동명의로 낙찰을 받았고 남편분이 주 채무자로 대출을 받는 상황이었다. 남편분은 당시 저소득 자영업자에 신용이 6등급 후반이었다. 여러모로 불리한 조건이긴 하지만 여러 대출상담사들에게 대출을 알아본 결과 대출금액은 1억 2,180만 원이 나올 수 있었다. 금리는 3.5%로 수협에서 대출을 받는 조건이었다.

이 물건은 월세로 보증금 1,000만 원에 월세 60만 원으로 임대를 놓고 있다. 실투자금은 낙찰가 1억 4,370만 원에서 대출 금액 1억 2,180만 원과 보증금 1,000만 원을 빼면 약 1,190만 원이다. 월세 소득은 이자를 제외하고 월 24.5만 원을 받고 있다.

경락잔금대출은 감정가와 낙찰가의 차이가 크면 클수록 많은 대출이 나올 가능성이 높다. 낙찰가 80%의 금액보다 감정가 70%가 더 높다면 원칙은 낙찰가의 80%가 나오는 것이 정상이다. 하지만 최대한 여러 대출상담사들에게 문의를 해보면 생각했던 금액보다 더 높은 금액을 받을 수 있다. 대출은 낙찰을 받은 그날부터 알아보는 것이다. 대출은 많이 알아볼수록 좋은 조건이 나온다는 것을 명심하자.

05

명도_나는 명도가 제일 쉽더라

사람의 마음을 헤아릴 줄 알아야 사람 위에 설 수 있다.
－『손자병법』 중에서－

경매하는 대부분의 투자자는 명도에 대해 부담감을 느끼는 분들이 많을 것이다. 왜 그럴까? 서로 좋은 일로 만나는 것이 아닌 것부터가 부담이기 때문이다. 명도를 하기에 앞서 걱정이 되는 부분도 있을 것이다.

"나에게 소리치면서 오지 말라고 하면 어쩌지?", "이사 갈 돈 없다고 무리한 이사 비용을 요구하면 어쩌지?", "문도 안 열어주고 아무 연락도 없으면 어쩌지?" 등등 여러 상상을 하게 된다.

내가 처음 낙찰을 받고 법원에서 밥을 먹고 바로 낙찰받은 아파트에 갔던 기억이 난다. 아내와 같이 가면서 아내에게는 태연한 척했지만, 속으로는 긴장했던 기억을 잊을 수 없다. 나는 낙찰받은 아파트로 가는 차

소액 경매 투자의 정석

안에서 인터넷에서 보고 배운 명도하는 법을 상기시키며 "안녕하세요. 저는 낙찰자 김영진이라고 합니다. 이사 문제로 방문하게 되었습니다. 이사 계획은 어떻게 되시는지요?"라고 마음속으로 연습하면서 또 한 편으로는 "집주인은 어떻게 생겼을까? 무서운 사람일까? 나한테 뭐라고 하면 어쩌지?"라는 걱정을 했었던 기억이 난다.

그러나 지금까지 여러 건의 명도를 경험하면서 법적으로 끝까지 갔던 물건은 없었다. 어느 정도 상대방을 이해해주고 내가 피해를 보지 않는 선에서 배려해주면 의외로 쉽게 마무리되기 때문이다. 명도의 결과는 사실 정해져 있다. 칼자루는 이미 낙찰자에게 있고 점유자는 결국 집을 비워주게 되어 있다. 단지 빠르게 명도를 해야 임대나 매매를 해서 수익을 창출할 수 있기 때문에 빨리 명도를 하려는 것뿐이다. 명도 협상이 잘 안 되더라도 결국 시간이 해결해준다는 말이다.

요즘 인터넷으로 경매 사례들을 쉽게 접할 수 있다. 점유자들도 본인의 불리한 입장에 대해서 잘 알고 있다. 나의 블로그를 보고 오히려 점유자에게 상담 전화가 오는 경우도 있다. 본인이 사는 집이 경매에 나오게 됐는데 보증금도 못 받는 상황인데 어떻게 해야 하는지 말이다. 나는 이렇게 조언해준다.

"무조건 버틴다고 해결될 일은 아닙니다. 버텨도 강제 집행까지 있을 수 있겠지요. 그런데 낙찰자가 강제 집행 비용까지 법원에 소송하면 점유자께서 그 비용까지 부담해야 할 수도 있습니다. 서로 적당한 선에서 합의를 보는 것이 가장 좋습니다. 낙찰자가 찾아와도 긍정적인 마음으로 좋게 협상을 하는 것이 중요합니다."

대부분 빠른 해결의 열쇠는 바로 '돈'이다. 아무리 집을 비워주기 싫어하는 점유자에게 거액의 이사비를 준다고 하면 일은 금방 해결될 것이다. 그런데 이런 식으로 나가는 비용이 많이 들면 경매를 하는 이유가 없다. 게다가 명도하는 과정에서 크고 작은 스트레스가 발생하기도 한다. 일단 서로 기분이 좋지 않은 상태에서 만나는 것 자체가 스트레스다. 점유자가 집까지 쉽게 비워 주지 않는다면 부동산을 싸게 사는 건 좋지만 내가 '이런 비용과 스트레스를 받으면서까지 경매 투자를 해야 하나?'라는 회의감이 들기도 할 것이다.

결국 명도는 시간이 해결해준다

명도가 까다로운 경우는 보통 집주인이거나 보증금을 받지 못하는 경우이다. 앞에서 말했던 것처럼 결국 시간이 해결해준다. 결국 명도는 된다. 그러나 낙찰을 받고 잔금을 냈는데도 길게는 2개월까지 명도가 길어질 수 있다. 이런 경우에는 점유자가 안 좋은 마음으로 짐을 뺐을 것이다. 이런 집들이 과연 깔끔하게 돼 있을까? 그런 마음이 짐을 빼는데도 전해진 것처럼 대부분 여기저기 파손된 부분이 많다. 명도가 어려웠던 점유자들이 머물렀던 신축급 빌라도 손보는 경우가 많았다.

내가 인천 남동구에 있는 빌라를 낙찰받았을 때였다. 보증금을 받지 못하고 집을 빼야 하는 임차인이었다. 그 임차인은 집에서 나올 때 에어컨과 실외기, 주방 후드, 심지어 도어록까지 떼어갔다. 물론 바로 전화를 해서 원상복구를 시켰지만, 스트레스를 받기도 했다. 인천 부평구에 있는 빌라를 낙찰받았을 때 집주인이 거주하고 있었다. 이사 비용을 과하게 요구하고 집도 잘 빼주지 않는 점유자였는데 결국 이사비를 주지 않고 약 30만 원 정도의 밀린 공과금만 정산해주는 조건으로 명도를 했다. 신축급 건물이었는데 방 하나가 황토방이었다. 그 황토방의 벽 한 면은 황토가 다 깨져서 바닥에 다 떨어져 있어서 복구할 수 없을 정도로 파손되어 있었고, 그 밖에도 천장에 몰딩은 떨어져 있고, 자잘하게 파손이 된 곳들까지 손을 봐야 할 곳이 많았다. 그래서 결국 30만 원 공과금 비용도 주지 않고 수리 비용으로 쓴 적이 있다.

그 이후로 깨달았다. 어려운 경매는 하지 않기로 말이다. 돈을 벌기 위해 시작한 투자인데 돈을 떠나서 스트레스를 받는 투자는 오래가지 못할 거라는 생각이 들었다. 이런 나의 시행착오를 발판 삼아 처음 경매를 하는 투자자들에게 쉽게 경매를 방법을 알려줘야 하겠다고 생각했다.

명도하기 쉬운 물건에 입찰하라

쉽게 경매를 할 수 있는 방법은 무엇일까? 바로 대항력은 없지만, 보증금을 일부 또는 전부를 받는 점유자의 매물에 입찰하는 것이다. 점유자는 보증금을 배당받으려면 낙찰자의 인감도장 날인이 들어간 '명도 확인서'가 필요하다. 낙찰자는 점유자가 집을 비워줘야 명도 확인서를 주는 것이다. 그렇다 보니 점유자는 명도를 하는 데 협조적이다. 점유자는 보통 집주인을 원망해도 낙찰자에게는 적대적으로 대하지 않는다. 그래서 내가 물건을 찾을 때 1순위는 보증금을 배당받는 점유자가 거주하고 있는 매물이다.

내가 인천 남동구에 있는 감정가 7,100만 원이었던 빌라를 5,160만 원에 낙찰을 받았던 사례이다. 이 매물은 보증금 300만 원, 월세 30만 원에 점유자가 살고 있었다. 이 집에 현장 조사를 하러 갔을 때 나는 다행히 점유자를 만날 수 있었다. 이 집에는 50대 부부가 살고 있었고 인상이 너무 좋으신 분들이었다. 나는 애초부터 '이 점유자와 가능하면 재계약을 하도록 해야겠다.'라는 생각을 하고 점유자에게 여쭤보았다.

나: 안녕하세요. 이 집이 경매가 나왔는데 제가 관심이 있어서 오게 되었습니다. 혹시 괜찮으시다면 간단히 뭐 좀 여쭤봐도 될까요?

점유자: 네, 말씀하세요.

나: 이 집이 다음 주에는 누군가에게 낙찰이 될 겁니다. 그러면 1달 이내에 집을 빼주셔야 할 수도 있을 텐데 혹시 이사 계획은 있으신가요?

점유자: 아직 생각해보지 않았어요.

나: 그럼 혹시 이 집에서 계속 거주할 생각은 없으신가요?

점유자: 그러면 좋죠. 이사를 하는 것이 번거롭기도 하고요.

나: 아 그렇구나. 그럼 혹시 기존의 보증금 300만 원과 월세 30만 원 조건이면 재계약을 하실 의향이 있으시다는 것이죠?

점유자: 네, 그럼 좋죠.

나는 점유자에게 양해를 구하고 집안 내부를 둘러보고 연락처를 받고 나왔다. 조금 오래된 빌라였지만 내부는 깔끔했다. 이 집에 거주하면서 수리가 필요한 부분과 불편한 점은 없는지 여쭤보았고 다행히 없다고 하셨다. 입찰 전에 미리 집을 볼 수 있었고, 점유자분들과 대화도 했고, 낙찰만 받으면 임대도 걱정이 없다는 결론을 내리고 집으로 왔다. 며칠 뒤 낙찰을 받고 점유자는 재계약을 할 분들이었으니 잔금 납부로 최대한 빨리하고 점유자와 새로운 임대차 계약을 체결했다. 나는 점유자에게 "그동안 마음고생 많으셨습니다. 앞으로는 좋은 일만 있길 진심으로 바라고 저와 재계약을 해주셔서 감사하다."라는 말을 과일 바구니와 함께 전달했다.

명도가 쉽고 빨라야 지속적인 투자를 할 수 있다.

기존의 점유자와 재계약을 하면 시간과 비용을 절감할 수 있다. 보통은 점유자가 집을 비워주면 도배, 장판은 기본이고 때에 따라 수리까지 해야 한다. 이 비용만 해도 최소 100만 원 이상이다. 그 후에 부동산에 매물을 내놓고 임대를 맞추기까지 시간이 필요하다. 대출 이자는 나가고 있는데 말이다. 임대가 늦춰질수록 낙찰자는 마음이 불안해질 것이다. 하지만 점유자와 재계약을 하면 보통 도배, 장판, 수리 비용이 당장 비용으로 나가지 않고 임대 수익을 바로 창출할 수 있다. 세입자가 이미 맞춰져 있기 때문에 잔금 납부를 미룰 필요가 없다. 가장 중요한 것은 명도에 대한 스트레스가 비교적 덜하다는 것이다. 서로 안 좋은 일로 만나는 것이 아니라 내가 도움이 될 수 있는 사이로 만나는 것이기 때문에 명도가 쉬워지는 것이다.

대항력은 없지만, 보증금의 일부 혹은 전부를 받는 임차인을 기억하자. 그동안 낙찰을 받은 물건에 대부분은 점유자가 보증금을 크게 잃지 않은 이상 재계약을 할 수 있었다. 투자는 돈을 벌기 위해서 하는 것이지만 스트레스를 받는 투자는 결국 하지 않게 된다. 나의 노하우대로 투자를 하면 경매 투자를 오랫동안 지속할 수 있을 것이다. 누구는 경매에서 명도가 제일 힘들다고 하지만 나는 명도가 제일 쉽다.

06

인테리어_세입자가 좋아하는
인테리어는 따로 있다

사랑받고 싶다면, 사랑하고 사랑스러워져라.
-벤자민 프랭클린-

인테리어를 하는 것은 쾌적하고 안락한 삶을 위해서도 중요하지만, 부동산 매매나 임대를 할 때 집의 가치를 올릴 수 있는 최고의 방법이다. 인테리어를 잘해놓으면 다른 집보다 조금 높은 가격에 임대나 매매를 내놓아도 금방 새로운 주인이 나타난다.

인테리어를 할 때는 대단한 디자이너들이 하는 것처럼 전문가가 될 필요는 없다. 가장 좋은 방법은 모방하면 된다. 인터넷에서 인테리어만 검색해도 정보들은 넘쳐난다. 이케아(IKEA)에 방문을 해보는 것도 좋은 방법이다. 본인하고 맞는 인테리어 팁이 있다면 따라 하면 된다.

인테리어는 셀프로 하는 방법과 직영으로 하는 방법, 그리고 가장 비용이 많이 드는 도급으로 하는 방법이 있다. 셀프인테리어는 시간이 여유가 있다면 셀프로 하는 것도 좋은 방법이다. 임대나 매매를 하지 않고 본인들이 직접 거주를 하는 것이 목적인 신혼부부라고 한다면 둘이서 재미있게 셀프로 인테리어를 해보는 것도 괜찮다. 비용적인 면에서는 가장 절약할 수 있는 방법이다. 투자자들이 가장 많이 하는 방법은 직영으로 하는 것이다. 직영은 도배, 장판, 화장실, 싱크대 등 각각 내가 직접 업체를 알아보는 방식이다. 하나하나 알아봐야 하는 부분이 단점일 수도 있지만 모든 공정을 맡기는 도급보다는 비용을 줄일 수 있다는 장점이 있다. 업체에 모든 공정을 맡기는 도급으로 진행하는 방법도 있다. 턴키 인테리어라고도 하는데 시간이 바쁜 직장인분들이 선호하는 방법이다. 일일이 업체를 알아보는 직영보다는 비용을 조금 더 지불하더라도 편안하게 맡기는 방법이 있다.

인테리어의 가성비 갑은 단연 조명이다.

〈Before〉

〈After〉

가성비가 가장 높은 인테리어 중에서는 조명이 단연 1등이다. 조명만 바꿔도 집안 분위기를 바꿀 수 있다. 특히 신축 빌라들을 보면 조명에 신경을 많이 썼다는 것을 느낄 수 있다. 입구에서부터 반겨주는 신발장 조명, 거실 천장들 두르고 있는 천장 매립 조명, 식탁 조명 등등 예쁘게 설치된 조명을 볼 수 있다. 신축 빌라를 홍보할 때에도 조명을 돋보이게 사진촬영을 해서 광고를 하기도 한다. 신축 빌라를 구경해보면 요즘 유행하는 가수 비의 「깡」이라는 노래 가사에서 나오는 "화려한 조명이 나를 감싸네."라는 생각이 들기도 한다. 신축 빌라를 계약한 사람들의 얘기를 들어보면 조명에 반해서 계약했다는 사람들도 의외로 많다.

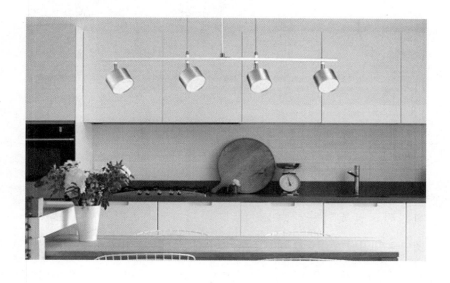

조명은 사람으로 치면 귀걸이, 머리띠, 패션 안경, 모자 등 액세서리를 잘 활용한 사람이라고 비유할 수 있다. 이 액세서리만 잘 활용해도 사람

이 달라 보이는 것처럼 조명을 어떻게 꾸몄느냐에 따라 '이 집 참 예쁘고 마음에 든다.'라는 생각이 들게 된다. 중요한 역할을 하는 것이 바로 조명이다. 천장에서부터 내려오는 식탁 조명 같은 경우는 10만 원 정도 한다. 이 조명 하나로도 주방 식탁의 분위기를 확 살릴 수 있다.

조명을 설치할 때 내가 주로 하는 것 중 하나가 바로 핀 조명이다. 보통 핀 조명은 거실에 주로 설치를 하는데 천장에 타공을 해서 1만 원 정도 하는 핀 조명 몇 개만 해놓아도 분위기가 달라진다. 또한 방마다 노후 된 조명은 세련된 조명으로 바꿔주는 것이 필수이다. 큰 비용이 들어가지는 않지만, 효과가 좋은 인테리어는 단연 조명이다. 그리고 스위치 커버와 콘센트 커버를 모던한 스타일로 바꾸는 것도 인터넷 쇼핑에서 몇천 원에 구매할 수 있는 가성비 좋은 아이템이다.

소액 경매 투자의 정석

도배를 할 때 소폭합지는 비추천

도배는 소폭합지와 광폭합지, 실크벽지로 총 3가지가 있다. 나는 개인적으로 원룸 단기 임대나 월세로 임대를 놓는 것이 아니라면 소폭합지는 추천하지 않는다. 도배에 대해 지식이 하나도 없었던 나는 경매로 처음 샀던 집을 도배 사장님에게 소폭벽지로 부탁을 드렸다. 이유는 가장 저렴해서였다. 그런데 3~4일 후 깔끔해졌을 집을 기대하면서 집에 들어간 순간 큰 실망을 했다. 바로 '이음새' 때문이었다. 소폭합지의 폭은 53cm, 광폭합지는 93cm, 실크벽지는 106cm이다. 소폭합지의 경우 53cm마다 이음새가 있는 것이다.

넓은 안방에서는 이음새가 여러 개가 있어서 내 기준에는 외관상 보기 좋지 않았다. 멀리서 보면 더 보기가 안 좋았다. 마치 비가 내리는 거 같았다. 그래서 큰맘 먹고 다시 하기로 했다. 광폭합지와 실크벽지를 고민했고 실크벽지로 너무 하고 싶었지만, 벽지로 지출이 너무 많이 되고 그때는 돈을 아끼려고만 했던 짧은 생각에 광폭합지로 결정을 했다. 그래도 폭이 넓어서 그런지 이음새는 있었지만 보기에 나쁘지는 않았다. 그 이후 나는 원룸이 아니라면 실크로 도배를 한다.

인테리어 업체는 해당 매물과 가까운 곳과 계약하라

인테리어 업체를 선정하는 방법은 아파트인 경우에는 그 아파트 단지 내에 있거나 근처에 있는 업체와 계약을 하는 것이 좋다. 업체는 최소 4 곳 이상은 알아보자. 제일 비싼 곳은 제외하고 너무 저렴하게 가격을 부르는 곳도 조심하자. 저렴한 가격을 제시하고 100% 선입금을 요구하는 곳은 제외하는 것이 좋다. 계약금 20%, 중도금, 잔금 40% 이런 식으로 나눠서 입금하는 것이 합리적인 방법이다. 인테리어 업체가 가까운 것이 좋은 이유는 그 아파트에 대해 잘 알고 있는 경우가 많다는 것이다. 공사할 집을 잘 알고 있어서 결과물도 좋을 가능성이 크다. 멀리 있는 지인에게 의뢰하는 것보다 만족도가 높을 것이다. 금액도 멀리 있는 곳보다 저렴하고 일을 정확하게 해줄 가능성이 크다. 인테리어 A/S를 해야 하는 상황이 와도 가까우므로 일 처리가 빠르다는 장점이 있다. 마지막으로 본인의 일에 대한 프로 정신과 자부심이 있고 솔직하고 책임감이 있는 사장님들과 계약을 하는 것이 좋다.

인테리어는 어디까지 하는 것이 적당하냐고 질문을 많이 하신다. 투자자는 최소한의 예산으로 최대의 효과를 봐야 한다. 오래된 아파트, 빌라를 낙찰받았다면 내가 딱 집에 들어가는 순간 '깔끔하다. 이 집에 살고 싶다.'라는 느낌까지 들게 해야 한다. 최소한 도배, 장판, 페인트는 기본이고 여성분들이 중요하게 보는 싱크대와 욕실은 교체하는 것이 좋다.

그럼 인테리어 비용은 어떻게 책정해야 할까? 투자에서 경매든 일반 매매든 인테리어 비용은 상한선이 없다. 예를 들어 내가 반 지하 빌라를 낙찰받았는데 그 빌라 바닥에 대리석을 깔고 싱크대와 화장실은 최고급으로 설치한다면 수리비가 끝도 없을 것이다. 몇천만 원이 될 수도 있다. 그런데 그렇게 인테리어를 할 필요가 있을까? 그렇게 한다고 해서 내가 인테리어를 투자한 가격만큼 임대를 놓을 수도 없고, 비싸게 팔 수도 없다.

깔끔하게 인테리어를 하면 시세보다 조금은 높은 가격에 임대를 놓고, 파는 것도 수월하게 할 수 있다. 그런데 인테리어 비용에 적정선이 있다. 무조건 인테리어를 브랜드를 사용하고, 비싼 비용을 쓰는 것이 좋은 게 아니다. 내가 1억 원짜리 아파트를 샀는데 인테리어에 5,000만 원을 투자해서 총비용이 1억 5,000만 원이 되었다고 가정해보자. 그렇다고 이 집을 내가 투자한 금액으로 팔릴 수 있는 것이 아니다. 이 집이 내가 실거주를 하는 보금자리라면 어떻게 꾸미고 비용이 들든 자기만족이고 상관이 없다. 하지만 부동산 투자자라면 물건을 싸게 사고 최소한의 인테리어로 최고의 효과를 내야 한다. 즉 인테리어에 투입된 비용보다 더 큰 부가가치를 얻기 위해서이다. 1,000만 원의 인테리어로 2,000~3,000만 원 더 비싸게 팔기 위해서이다. 한 마디로 인테리어를 하는 이유는 수익 실현을 더 잘하기 위함이다. 우리가 흔히 생각하는 내 집 예쁘게 꾸미기와 투자에서의 인테리어는 조금 차이가 있다는 것을 알아야 한다.

합리적인 비용으로 인테리어를 하라

우리가 일반적으로 기본적인 인테리어를 하겠다고 하면 평당 70만 원부터 시작한다고 말하기도 한다. 계산해보면 아파트 전용 18평(59㎡) 기준으로 1,200만 원대가 될 것이다. 이보다 조금 더 고급 자제를 사용한다면 80만 원이 들기도 하고 100만 원 그 이상이 들어가는데 일반적으로는 평당 70만 원정도 들어간다고 보면 된다.

그러나 투자자 입장에서는 인테리어 비용을 적정선에 맞춰야 한다. 실제 18평 아파트 인테리어 비용이다.

```
– 도배 (광폭합지) 80만 원
– 장판 (1.8t모노륨 기준) 80만 원
– 싱크대+주변 타일공사 250만 원
– 욕실 250만 원
– 내부전체 필름공사 300만 원
   (도어, 샷시, 신발장 등)
– LED조명 작업 70만 원
   (콘센트커버, 스위치커버)

  =합계 1,030만 원
```

소액 경매 투자의 정석

18평 기준으로 기본적인 인테리어 시공으로 약 1,000만 원 정도 비용이 들었다. 이보다 더 낮은 평수의 집이라면 욕실과 싱크대의 크기가 더 작기 때문에 더 낮은 금액으로 공사를 할 수도 있다. 15평 빌라에 싱크대는 200만 원, 욕실은 180만 원의 비용이 든 사례도 있다. 투자자들 사이에서는 인테리어 비용에 대한 공식이 있다. 가장 인기가 많은 아파트 평수를 기준으로 전용 18평(59㎡)의 인테리어 비용은 1,000만 원, 전용 24평(84㎡)은 1,500만 원 이내에서 공사하는 것이다. 이 비용은 전체적으로 공사한 가격이고 필요에 따라 주방만 공사하고 욕실은 실리콘으로만 마무리하는 경우에는 비용이 더 낮아질 수 있다.

인테리어 비용의 상한선은 끝이 없다. 신혼부부나 가족들의 직접 실거주가 목적이라면 비용을 떠나 만족스러운 인테리어를 하는 것이 정답이다. 그러나 투자자의 입장에서는 합리적인 비용으로 인테리어를 해야 한다. 아파트에서 가장 인기 있는 평형대인 전용 18평(59㎡)의 인테리어 비용은 1,000만 원, 전용 24평(84㎡)의 기준은 1,500만 원 이내로 예산을 책정하겠다는 기준을 가지고 있다면 더 합리적인 지출을 할 수 있을 것이다. 마지막으로 부동산 계약의 일등공신 '조명'을 신경 쓰도록 하자.

07

수익 실현_빠른 계약이 되는 임대 전략

성공은 대개 그를 쫓을 겨를도 없이 바쁜 사람에게 온다.
－헨리 데이비드 소로－

낙찰을 받고 명도 후에 청소와 수리를 거치고 드디어 내 집을 부동산에 내놓을 차례만 남았다. 아마 낙찰을 받기 전 현장 조사 때 방문했던 부동산에도 방문할 것이다. 그때 당시 여러 부동산 중에서 유독 친절하게 설명을 해줘서 기억에 남는 부동산도 있을 것이다. 낙찰을 받고 다시 찾아가면 부동산 사장님께서 처음 봤을 때보다 더 반갑게 맞이해줄 것이다. 그리고 실제로 그 부동산이 나의 물건을 계약시켜줄 가능성이 상당히 높다.

내가 부동산을 운영할 당시 물건을 내놓는 집주인은 하루에도 여럿이었다. 그런데 매물이 워낙 많이 쌓여서 어중간한 매물이나 시세보다 비싸게 내놓은 물건은 경쟁력이 없어서 그냥 묻히기도 했다. 이미 다른 좋은 물건이 많기 때문에 손님들에게 보여주지 않을 매물이 된다. 물건들끼리 경쟁하는 것이다. 그러나 집주인이 어떤 조건과 방법으로 물건을 내놓느냐에 따라 수많은 경쟁 물건 사이에서 1순위 물건이 되기도 한다. 부동산에서 1순위 물건이 되어야 임대도 빨리 맞출 수 있다. 나는 부동산을 운영하면서 어떻게 해야 1순위 물건이 되는지 잘 알고 있다. 내가 하루에도 몇 건씩 매물을 받아보고 중개도 하면서 몸소 느꼈기 때문이다. 1순위 물건으로 만드는 것은 어렵지 않다. 아주 조금 정성만 들어가면 되는 것이다. 1순위 물건으로 만들어 무조건 1개월 이내에 임대가 되는 방법을 알아보자.

적당한 위치에 디퓨저를 놓아라

사람은 첫인상이 중요하듯이 집도 마찬가지다. 우리가 부동산을 내놓을 때 기본적으로 청소와 수리를 했을 것이다. 그런데 여러 집주인이 신경을 잘 쓰지 않는 부분이 있다. 바로 집안에 퀴퀴한 냄새다. 손님에게 방을 보여주기 위해 집 문을 열었을 때 특유에 퀴퀴한 냄새가 나는 집이 의외로 많다. 이런 집은 청소가 아무리 잘되어 있어도 계약이 성사되기가 어렵다. 집을 보여주는 나도 퀴퀴한 냄새가 나던 집을 보여줄 때 굉장히 민망했던 경험이 있다. 그런 집이 계약된 경우는 거의 못 본 거 같다. 나 역시 그런 집은 권하지 않는다. 냄새가 나는 집의 특징은 공실 기간이 오래된 경우가 많다는 것이다. 그런 집은 가격을 낮춰서라도 빨리 임대를 맞춰서 사람 냄새가 나는 집으로 바꿔야 한다.

수리와 청소를 마친 집을 부동산에 내놓을 때 거실이나 싱크대도 좋고 적당한 위치에 방향제(디퓨저)를 하나 놓도록 하자. 집에 들어갔을 때 첫인상도 중요하지만, 눈에 보이지 않는 향기가 더 중요하다.

최대한 여러 부동산에 나의 매물을 알려라

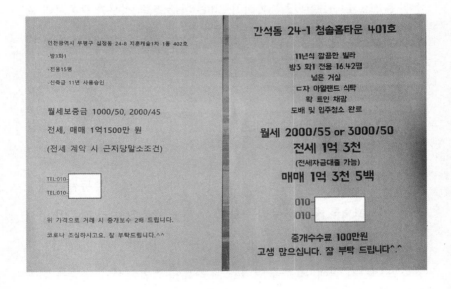

내 집을 빨리 계약시키고 싶다면 여러 부동산에 방문해서 내 집을 알려야 한다. 어떻게 부동산에 내 집을 알려야 할까? 너무나 평범하게 "안녕하세요. 집을 내놓으려고 왔는데요. 주소는 음… 뭐였더라? 잠시만요.

소액 경매 투자의 정석

주소는 이거고요. 월세는 얼마가 좋을까요? 주변 시세가 얼마니까 저도 이 가격에 내놓을게요."라고 말하면 부동산 사장님은 "네 알겠습니다."라고 하고 그 매물은 그 순간 그 부동산에서 순식간에 잊힐 수도 있다. 심지어는 부동산 가기가 힘들다고 전화로만 내놓는 경우도 있다. 그것도 많으면 3~4곳 정도 부동산에 내놓고 기다린다. 물론 이렇게 임대를 놓은 것도 나쁘진 않다. 가만히 있는 분들도 있으니까 말이다. 그런데 이렇게 물건을 내놓으면 99% 임대는 어렵다고 보면 된다. 크게 임대할 의지도 없는 것이다. 본인의 주소도 모르고 임대를 놓는 것은 있을 수 없는 일이다.

부동산에 내가 낙찰받은 물건을 내놓을 때는 전단지를 활용하는 것이 중요하다. 전단지는 음식점에서 돌리는 전단지를 말하는 것이 아니라 A4용지로 컴퓨터로 깔끔하게 타이핑을 한 것을 말한다. 컴퓨터 활용이 어렵다면 직접 수기로 작성해도 된다. 전단지에 들어갈 내용은 주소, 호수, 실 평수, 방 개수, 화장실 개수이고 임대 가격, 매매 가격, 집주인 연락처는 기본이다. 집의 장점이라면, 올수리, 채광 유무, 남향인지, 엘리베이터 유무 등 본인이 생각했을 때 그 집에 대한 특징을 편하게 적으면 된다. 그렇게 A4용지로 출력하거나 작성했다면 이 전단지를 꼭 코팅을 하자. 효과는 배가 된다. 코팅이라고 하면 번거롭게 느낄 수 있지만, 코팅용지는 인터넷에서 100장에 1만 원도 안 하는 가격에 구매가 가능하다. 한 장에 100원꼴이다. 집에서 별도의 도구 없이 쉽게 코팅을 할 수 있다. 이 코팅 하나로 버려지는 종이가 될 것이냐, 부동산 사장님 책상 위에 있을 것이냐 판가름이 날 수도 있다.

조금 손해를 보더라도 임대는 빠르게, 거주 기간은 길게 하라

임대, 매매 가격은 일반 시장가보다 비싸게 해도 좋고, 일반 시세에 맞게 내놓아도 좋고, 시세보다 저렴하게 내놓아도 좋다. 일단 전단지에 정성이 들어가서 쉽게 버려지지 않는다. 내가 주로 하는 방법은 낙찰받은 물건을 일반 시세로 내놓되 가격은 어느 정도 절충이 가능하다고 한다. 절충 한도도 정확히 알려주자. 그 대신 가격 절충을 하지 않고 임대 가격을 맞혀주면 중개 보수를 2배 드리겠다고 한다.

계약일수도 가능하면 1년보다 2년으로 맞춰달라고 한다. 1년 임대하고 도배를 하는 경우도 많다. 그리고 그때 가서 또다시 임대를 놓아야 하는 수고를 해야 하고 중개 보수도 지출되니 1년보다는 2년이 관리하기가 편하다. 중개사무소를 나올 때는 꼭 명함을 챙겨 나와서 핸드폰에 저장하자. 임대 가격을 다시 조정하거나 여러 정보를 주고받을 때 연락을 해야 하는 경우가 있을 것이다. 그리고 전화가 오면 좋은 소식일 가능성이 있으니 전화를 꼭 받자. 부동산은 최대한 여러 군데에 가야 한다. 가능성을 많이 열어두어야 빠른 계약이 나오는 것은 당연한 이치이다.

소액 경매 투자의 정석

온라인 플랫폼을 활용하라

대부분 부동산은 사무실을 운영할 때 부동산 앱을 광고로 이용한다. 대표적으로 '직방', '다방', '피터팬의 좋은방 구하기'가 있다. 과거에는 손님들이 집을 구하기 위해 부동산으로 직접 가는 것이 일반적이었다면 지금은 광고를 보고 부동산에 방문하는 손님이 대부분이다. 손님들은 광고를 통해 집의 구조와 사진, 주변 입지와 가격 정보 등을 알아볼 수 있고 본인에게 맞는 조건의 집을 찾은 후에 그 매물을 광고하는 부동산에 찾아간다. 우리가 부동산에 매물을 내놓으면 부동산은 이런 채널에 광고를 한다. 이것을 우리도 활용하는 것이다. 내가 추천하는 채널은 '피터팬의 좋은방 구하기'이다. 이 채널은 처음엔 직거래를 하려는 사람들의 커뮤니티였다. 그러나 이제는 부동산과 고객을 연결해주는 채널도 추가가 됐다. 이것을 추천하는 이유는 비교적 사용하기가 편하고 사용자도 많아서 방 사진만 잘 찍어서 올리면 연락이 의외로 많이 오기 때문이다. 나 같은 경우도 이 채널을 통해 임대 계약을 수도 없이 했다. 이 채널을 통해서 거래하면 직거래도 가능하고 부동산을 통해 계약하는 것도 가능하다.

다가구처럼 임대할 매물이 많다면 현수막을 이용하라

현수막을 사용하는 방법도 꽤 효과적이다. 지나가다가 부동산 관련 현수막을 한 번씩 본 경험이 있을 것이다. 신축 빌라를 광고할 때 현수막을 주로 활용하기도 한다. 내가 다가구 주택을 낙찰받고 명도를 한 후 15세대 임대 맞출 때 현수막을 사용했다. 눈에 띄게 건물 외벽에 걸어두었다. 15세대 중 2세대와 계약을 했다. 한 분은 현수막으로 연락을 했기 때문에 서로 합의만 된다면 직거래가 가능했다. 즉 중개 보수 비용이 들지 않는 것이다.

현수막을 통해 계약한 사례이다. 내가 집에서 쉬고 있었는데 전화 한 통이 왔다. 내가 다가구 건물 옥상에 올라가 낑낑대며 직접 걸어둔 현수막을 보고 연락을 준 것이다. 나는 세입자에게 다가구주택 앞에서 다시 연락을 달라고 했고 집 앞이라며 다시 세입자에게 연락이 왔다. 난 화상 통화로 방 비밀번호를 알려주면서 영상통화로 중개를 했다. 세입자는 공실이었던 205호, 301호, 303호를 왔다 갔다 하며 꼼꼼히 살펴보더니 집을 마음에 든다고 했다. 그리고 "계약을 하려면 어떻게 해야 하나요?"라고 물었다.

나는 직거래도 가능하고 부동산 거래도 가능하다고 선택권을 줬고 협의를 통해 직거래 계약을 했다. 나는 내 건물을 관리해주는 부동산에 손님을 보내면 부동산에서 방도 보여주고 계약서도 진행해준다. 그런데 세입자분이 직거래를 원한 덕분에 세입자도 나도 중개 보수를 아낄 수 있었다. 사실 직거래를 좋아하지는 않지만 얼떨결에 그렇게 진행을 했다. 사실 현수막 비용도 있는데 중개 보수 아끼고 나름 좋았다. 나름 공인중개사인데 한 번쯤 그래도 되지 않나?

경매하는 사람들이 흔히 경매의 꽃은 '명도'라고 한다. 그만큼 명도를 부담스러운 일로 여기기 때문이라고 생각한다. 그러나 나는 경매의 진정한 꽃은 '수익 실현'이라고 생각한다. 그동안 노력해서 투자한 것에 대한 결실이기 때문이다. 경매는 일반 매매와 다르게 선택의 연속이다. 물건 검색도 나의 선택, 권리분석도 나의 선택, 입찰가도 나의 선택, 명도도 나의 선택 임대, 매매가를 정하는 것도 나의 선택이다. 그래서 경매를 한 사이클 돌면 자기도 모르게 부동산 투자에 관련해서 많이 성숙해진다. 경매는 꼭 투자가 아니더라도 내 재산을 지키기 위해서라도 꼭 알아야 할 필수 '돈 공부'이다.

Real Estate Auction

4장

부동산 경매 투자로
돈 버는 기술

Real Estate Auction

01

좋은 다가구주택을 고르는 4가지 기준

알맞은 때의 한 바늘은 아홉 바늘을 절약한다.
-T.풀러-

    나는 2017년부터 원룸의 메카라고 불리는 관악구에서 부동산을 운영했다. 원룸 중개를 전문으로 하는 부동산이었고 직원 4명을 고용해서 운영했다. 원룸 중개를 하면서 초반에는 전 · 월세 가격에만 관심이 있었다. 손님들이 전 · 월세 손님들이었기 때문이다. 원룸 전 · 월세를 찾는 손님들이 많다 보니 다른 생각을 할 겨를이 없었다. 그러다가 점점 시간이 지나면서 원룸 전 · 월세가 아닌 원룸 건물 즉 다중, 다가구 건물의 원가에 관심이 생기기 시작했다.

    처음에는 '건물주는 나와는 다른 세계에 사람이다, 나와는 관련이 없는 일이다.'라고 단정하고 살았지만 '일단 돈이 얼마나 있으면 이런 건물을 살 수 있는지 알아보자.'라는 생각을 했다.

　건물이 얼마인지는 금방 알 수 있다. 땅 가격에 건물 원가를 더하면 되는 것이었다. '2종일반주거지역'이라고 하는 원룸을 짓기 좋은 땅이 있다. 그 당시 봉천동에 땅 가격은 약 2,500만 원이었다. 물론 2,000만 원 이하도 있었고 3,000만 원 이상도 있었다. 보통 원룸 건물을 지을 때 필요한 땅 평수는 조금씩 차이가 있지만 대부분 40평대가 많다. 건축비용은 쉽게 설명해서 평당 500만 원으로 계산하고 100평을 짓는다고 가정하고 원가를 계산할 수 있다. 결론적으로 대략적인 원가는 땅 가격 평당 2,500만 원×40평=10억, 건축비 500만 원×100평=15억 원이었다. 여기서 세금과 철거, 합의금 등 여러 부대비용을 포함하면 넉넉히 1억이란 여유자금이 필요하다. 대부분 그 15억 원을 현찰 일시불로 지불하고 건물을 짓는 사람은 아마 없을 것이다. 원룸도 하나의 임대 사업으로 그 사람들도 투자자기 때문에 대출 레버리지를 활용한다. 그래야 수익률이 높아지는 것은 다 아는 사실이다. 그렇게 원룸을 지어서 임대를 하는 경우도 있고 바로 파는 경우도 있다.

　나는 원룸 건물주가 된다는 것을 꿈도 못 꿨지만 '돈이 최소 얼마나 있어야 건물을 지을 수 있는가?'는 궁금해지기 시작했다. 그때부터 신축 원룸의 전·월세를 계약해서 자연스럽게 건물주 사장님들을 만날 때마다 질문했다. "사장님, 저도 건축을 하고 싶습니다. 초기 자금이 얼마가 필요한지 궁금합니다."라고 여쭤보았다. 어떤 사장님은 "원가의 3분의 1이

　　　　　　　　　　　　　　　　　　소액 경매 투자의 정석

필요하다."라고 하고, 또 다른 사장님은 "땅값의 20%+취득세(80% 대출)+부대비용=3억 원이 필요하다."라고도 했다. 대부분 다 비슷한 답변들이었다. 다른 획기적인 방법도 있었지만, 리스크가 너무 컸고 건물을 지으려면 아무리 못해도 2억 원이 필요한 것이었다. 적극적으로 도와주신다는 분들도 많았고 나 역시 너무나 간절했지만 2억 원이란 돈을 현실적으로 당장 벌 수도, 구할 수도 없으니 그렇게 나는 건물주가 되는 것을 포기했다.

그렇게 건물주는 포기하고 평소대로 원룸 전·월세를 중개하면서 지금의 아내를 만나 결혼을 약속했다. 그 이후부터 고정 지출은 많은데 모아놓은 돈은 한 푼도 없는 나 자신을 돌아보게 되었다. 그때부터 결혼자금을 만드는 것부터 시작으로 안정적인 월세가 나오는 현금 흐름을 만드는 것을 목표로 정했다. 잠 못 이루며 부자가 되는 방법을 찾아보다가 알게 된 것이 경매였고 소액으로 돈을 굴릴 수 있는 최선의 방법이었다. 그렇게 아내와 내가 모은 종잣돈 1,500만 원으로 경기도 안성에 있는 아파트에 첫 입찰을 하는 것으로 경매에 첫 발걸음을 떼었다. 그 이후 경매 회사로 직장까지 옮기며 조금 더 깊이가 있는 경매를 배우면서 경매 컨설팅을 했다. 나와 아내는 외식, 쇼핑 등을 줄이며 아니, 거의 끊다시피 하고 치열하게 종잣돈을 모았다. 2년 동안 아울렛에서 30만 원에 2벌의 정장을 구입해서 입었던 것 이외에는 일절 쇼핑을 하지 않았고 바지 엉덩이 부분이 찢어지면 세탁소에 맡겨 수선해서 입었다. 달리는 차 안에서 삼각김밥을 먹으며 시간을 아끼고 더욱 좋은 부동산 매물을 찾기 위해 고군분투했다. 사랑하는 가족은 나를 움직이게 하는 원동력이었고 종잣돈을 모으려고 소액 투자를 반복하며 마침내 비록 지방이지만 15세대 원룸이 있는 다가구 건물을 낙찰받고 꿈에 그리던 건물주가 되었다.

다가구를 낙찰받기 전에 돈 버는 다가구를 고르는 방법에 대해 나름대로 연구를 많이 했다. 그 결과 나름대로 4가지 기준으로 정리할 수 있게 되었다. 이 기준을 토대로 다가구 물건을 고른다면 돈 버는 다가구를 고를 수 있을 것이다.

일단 다가구는 다세대와 헷갈릴 수 있는데 다세대 건물은 아파트처럼 세대별로 각각 주인이 있는 경우이다. 땅은 대지권이라고 해서 지분으로 소유하는 것이다. "다가구 주택은 주택으로 쓰는 층수가 3개 층 이하로서 지하 주차장을 제외한 1개 동의 연면적이 200평 이하이고, 19세대 이하가 거주할 수 있는 주택을 말한다. 다만, 1층 바닥 면적의 2분의 1 이상을 필로티 구조로 하여 주차장으로 사용하면 주택의 층수에서 제외한다."라고 네이버 지식백과에 정리되어 있다. 정리하자면 다가구 주택은 단독주택으로서 여러 세대가 살고 있지만, 소유자는 동일하고 각각 호실을 분리해서 소유 또는 매매할 수 없다.

경매를 통한 다가구의 장점은 시세 대비 저렴하게 살 수 있다는 것이 큰 장점이다. 소위 반값 경매라고 불리기도 한다. 유료 경매 사이트에서 다가구를 검색하면 보통 150개 정도 나온다. 그중에 괜찮은 물건을 선별

하면 되는데 4가지 기준을 충족하는 물건들로 선별하면 5개 이하가 될 것이다. 그 물건을 온라인과 현장 조사를 통해 꼼꼼하게 수익률을 분석해서 투자할 가치가 있다고 판단되면 입찰에 도전해보자.

돈 되는 다가구의 기준 첫 번째는 '토지 면적'이다. 면적은 최소한 몇 평 정도 되어야 좋은 다가구일까? 면적은 정확히 기준이 없고 옳고 나쁨은 없다. 그러나 평수가 너무 작으면 방 개수가 작아지거나 방 크기가 줄어든다. 그래서 최소 60평 이상은 되는 것이 좋다. 건물은 토지 대비 2배 이상일수록 좋다. 즉 120평 이상이면 좋은 것이다. 건물을 지을 때 내 마음대로 5층, 10층 지을 수가 없다. 법으로 지을 수 있는 한도가 있는데 이 부분은 용도 지역과, 건폐율, 용적률을 공부해야 하는 부분이다. 쉽게 이해하기 위해 이 부분만 기억하자. 토지 면적은 60평 이상, 건물은 토지 면적의 2배인 물건을 고르자. 이것이 수익률을 고려하여 가장 효율적으로 지은 건물이다. 즉 방의 개수가 많아지고 그만큼 수익을 낼 수 있다. 물건을 볼 때 토지 면적이 60평인데 건물이 90평이라면? 안 봐도 되는 물건이다.

두 번째는 유료 경매 사이트에서 첫 번째 기준을 충족하는 물건이 있다면 클릭을 해보자. 그 물건을 살펴보면 그 집 임차인의 보증금과 월세 현황을 볼 수 있다. 그 보증금을 다 더했을 때 내가 입찰하고자 하는 가격보다 최소 1억 원 정도는 높아야 한다. 예를 들어 그 집 보증금이 5억 원이다. 그러면 그 집의 입찰 가격을 4억 원이 넘지 않게 입찰하는 것이다. 월세는 ×100으로 환산한다. 월세가 100만 원이면 보증금 1억 원이다.

> **희망 입찰가 < 총 보증금 합계**
> **예) 입찰가 4억 < 총 보증금 5억 이상**

총 보증금이 많다는 것은 그 집에 임대 수요가 풍부하다는 것이고, 다시 재임대를 놓을 때 그 보증금만큼은 아니더라도 1억 원 정도를 뺀 보증금은 받을 수 있다. 보증금이 이 건물에 대한 가치를 대변해주는 것이고 이 부분을 잘 활용한다면 투자금을 회수할 수도 있는 것이다. 5가지 기준 중에서 이 기준이 가장 중요하다.

세 번째는 서울, 경기도, 인천은 제외한다. 수도권은 워낙 땅값이 올랐기 때문에 수익률이 높지 않다. 그렇다면 지방에 있는 다가구를 투자할 수밖에 없다는 말인데 지역마다 건물을 관리해주는 업체가 잘되어 있기 때문에 물건만 좋다면 투자를 해도 큰 무리가 없다. 지역을 보다 보면 ~면, ~리가 있다. 이런 곳은 임차 수요가 풍부하지 않을 가능성이 있기 때문에 투자하지 않는 것을 추천한다. 그런데 공단 밀집 지역으로 임차 수요가 받쳐주는 ~면, ~리는 검토해보고 기준 1, 2를 충족한다면 조사해도 무방하다.

소액 경매 투자의 정석

네 번째는 10년 이내 물건이거나 10년이 조금 지났어도 리모델링이 된 물건에 투자하자. 오래된 건물은 하자보수를 해야 하는 경우가 많다. 예를 들어 에어컨을 바꿔야 한다면 방 개수만큼 바꿔야 하는 것이다. 내부 옵션도 방 개수만큼 교체를 해야 하기 때문에 차후에 들어갈 비용으로 예상보다 많은 금액을 지출할 수 있다. 그때 준비금이 없다면 심적으로 힘들 수 있다. 10년 이내 물건이거나 리모델링이 된 물건들로 해서 차후 낙찰을 받아서 도배, 장판을 제외하고 크게 손 볼 곳이 없는 매물이어야 한다.

지금까지 돈 되는 다가구를 고르는 4가지 기준을 알아보았다. 6·17 부동산 대책에 이어 한 달도 안 돼서 7·10 부동산 대책이 나왔다. 2주택부터는 취득세가 8%, 3주택부터는 12%다 보니 이제는 여러 채의 집을 사는 것보다는 한 채의 우량한 물건을 사는 방법이 현명하다. 다가구는 한 건물에 여러 세대가 있기 때문에 여기저기 흩어져 있는 집보다 관리가 편하다. 그리고 전세 보증금을 받았다면 나중에 투자처가 딱히 없을 때 전세 보증금을 월세로 바꾸는 방법도 재테크이다.

전세가 5,000만 원이라면 월세 40~50만 원으로 바꿀 수 있다. 이것을 수익률로 환산했을 때 10%가 넘어간다. 다가구는 월세 수익형 부동산이지만 시세 차익형 부동산이기도 하다. 다가구 건물에 투자하는 것은 그 건물이 깔고 있는 땅에 투자하는 것과 같다. 땅값은 결국 장기적으로 봤을 때 대부분 오른다. 50년 동안 땅값은 3,030배가 올랐다고 한다. 월세 현금 흐름을 만들기에 가장 좋고 나중에 시세 차익까지 볼 수 있는 다가구 투자는 정말 매력적인 투자이다.

02

다가구주택 입찰 시 조사 내용

어떤 것을 완전히 알려거든 그것을 다른 이에게 가르쳐라.
－트라이언 에드워즈－

    돈 되는 다가구의 기준 4가지에 들어맞는 물건을 찾았다면 바로 본격적으로 입찰할 만한 물건인지 조사를 해봐야 한다. 무작정 현장으로 가서 발품을 파는 것보다 인터넷 검색을 통해 최대한 손품을 팔아보자. 먼저 네이버 부동산을 통해 입찰할 물건이 비슷한 조건의 다른 매물과 비교해 봤을 때 매매 금액이 저렴한지 확인한다.

    그리고 주변에 비슷한 물건이 전 · 월세는 얼마나 받고 있는지 확인하여 투자 금액 대비 보증금과 월세가 충분하게 나올 것 같은지 확인하자. 이것을 충족한다면 현장에 가서 그 주변 분위기와 임대 수요에 대해 조사를 하면 된다.

수익률이 좋은 다가구 사례

소 재 지	전라북도 익산시 영등동 801-4 도로명검색 🗺️지도 🗺️지도							
물건종별	다가구(원룸등)	감 정 가	438,348,380원		오늘조회: 1 2주누적: 11 2주평균: 1 조회동향			
				구분	입찰기일	최저매각가격		결과
토지면적	222.1㎡(67.185평)	최 저 가	(70%) 306,844,000원		2019-12-30	438,348,380원		변경
				1차	2020-02-03	438,348,380원		유찰
건물면적	402.48㎡(121.75평)	보 증 금	(10%) 30,690,000원		2020-03-09	306,844,000원		변경
				2차	2020-04-13	**306,844,000원**		
매각물건	토지·건물 일괄매각	소 유 자			낙찰 : 402,600,000원 (91.84%)			
				매각결정기일 : 2020.04.20 - 매각허가결정				
개시결정	2019-04-10	채 무 자			대금지급기한 : 2020.05.27			
				대금납부 2020.05.26 / 배당기일 2020.06.23				
사 건 명	임의경매	채 권 자			배당종결 2020.06.23			

　이 물건은 실제로 내가 입찰을 했던 물건이다. 나는 자본금이 얼마 없었기 때문에 물건 가격대는 2~3억 원대의 물건들 위주로 찾았다. 이 물건은 낙찰 가격이 4억 원이다. 그런데 이 가격에도 건물주가 될 수 있다는 것에 놀랍지 않은가? 나는 서울에서 아무리 저렴해도 최소 10억 원대 꼬마 빌딩만 보다가 이 가격에 건물을 살 수 있는지 처음에는 몰랐다. 경매를 하면서 지방은 심지어 이 가격보다 더 저렴하게 건물을 살 수 있다는 것을 알고 신선한 충격을 받았던 기억이 난다. 게다가 대출도 80~90%까지 받을 수 있으니 나도 열심히만 하면 '지방 건물주는 될 수 있겠다.'라는 행복한 상상을 했던 기억이 있다.

　이 물건은 아쉽게도 패찰이었다. 나는 나름대로 낙찰을 받을 만한 가

소액 경매 투자의 정석

격을 썼다고 생각했지만, 이 건물에 가치를 알아보고 더 높은 금액을 쓴 사람에게 밀렸다. 당시 이 물건에 입찰자는 10명 이상이었던 것으로 기억한다. '다가구에도 이제 사람들이 몰리는구나.'라는 생각이 들었다. 이 물건은 돈이 되는 기준에 적합한 물건이었고 근처에 대학교가 있어 풍부한 수요층이 있었다. 낙찰을 받았으면 매달 받는 임대 수익과 향후 시세 차익까지 2마리 토끼를 잡을 수 있는 물건이었다. 그렇다면 먼저 돈 되는 다가구 기준에 적합지 확인해보자.

토지 면적은 67.185평으로 일반적인 다가구보다는 작은 평수에 속하지만 나쁘지 않은 평수이다. 건물 면적은 121.75평으로 토지 면적보다 2배가 조금 안 되지만 어느 정도 기준을 충족하는 물건이었다. 건축물 대장상 위반 건축물이 아니고 18세대가 거주하는 다가구 건물이었다.

		배당요구일: 2018.05.03			
최	주거용 205호	전 입 일: 2017.09.12 확 정 일: 2017.09.12 배당요구일: 2019.06.21	보33,000,000원	없음	소액임차인
한국토지주택 공사(104호)	주거용 104호	전 입 일: 2018.03.02 확 정 일: 2018.04.23 배당요구일: 2019.04.30	보49,000,000원	없음	배당순위있음
한국토지주택 공사(106호)	주거용 106호	전 입 일: 2017.11.22 확 정 일: 2017.11.13 배당요구일: 2019.04.30	보50,000,000원	없음	배당순위있음
한국토지주택 공사(202호)	주거용 202호	전 입 일: 2017.11.15 확 정 일: 2017.11.15 배당요구일: 2019.04.30	보50,000,000원	없음	배당순위있음
한국토지주택 공사(305호)	주거용 305호	전 입 일: 2018.07.02 확 정 일: 2018.01.24 배당요구일: 2019.04.30	보50,000,000원	없음	배당순위있음
한국토지주택 공사(306호)	주거용 306호	전 입 일: 2018.05.31 확 정 일: 2018.04.25 배당요구일: 2019.04.30	보50,000,000원	없음	배당순위있음
황	주거용 206호	전 입 일: 미상 확 정 일: 미상 배당요구일: 2019.07.24	보13,000,000원 월170,000원		배당금 없음
임차인수: 23명 , 임차보증금합계: 585,000,000원, 월세합계: 170,000원					

이 물건의 보증금 현황의 일부이다. 이 건물의 총 보증금은 총 6억200만 원이다. 월세는 ×100을 계산하여 환산한 금액이다. 보증금을 확인할

때에는 겹치는 호수가 있는지도 확인해야 한다. 이 건물은 겹치는 호실은 없고 오히려 한 호수의 보증금은 계산이 안 된 경우이다. 두 번째 기준이었던 내가 입찰할 금액보다 총 보증금이 더 높으니 기준에 충족되는 물건이다. 총 보증금이 많다는 것은 그 집에 고객들의 수요가 있다는 것이다. 총 보증금이 건물의 정확한 금액은 아니지만, 어느 정도 그 건물의 가치를 보여주는 척도이다. 혹시라도 그러면 곤란하겠지만 내가 4억 원에 건물을 사더라도 보증금을 6억 원 받을 수 있다는 말이다. 그만큼 월세로 환산해서 월세 현금 흐름을 만들 수 있다는 것이다. 물건을 검색했을 때 1번 조건을 갖춘 멀쩡한 건물이라도 보증금이 많이 들어오지 않는 물건은 임대가 잘 안 된다는 것이니 조심해야 한다.

소액 경매 투자의 정석

돈 되는 다가구 건물을 고를 때 가장 중요한 기준이었던 면적과 보증금을 충족했다면 인터넷 검색으로 손품을 팔자. 먼저 네이버 부동산을 활용하여 시세 조사를 해보는 것이 기본이다.

시세 조사를 할 때는 당연한 이야기지만 그 물건의 주변을 위주로 봐야 한다. 해당 매물은 2002년도 건물이니 당연히 신축 건물과 가격 차이가 있다. 그래서 연도와 토지 면적, 위치를 고려해서 매매 가격과 전 · 월세 금액을 알아보자.

이 건물은 내가 입찰한 건물 바로 옆 동에 있는 물건이었다. 둘 다 같은 날에 입찰하는 물건이었고, 둘 중에 더 마음에 드는 물건에 입찰할 계획이었다. 이 물건은 옥상 부분이 위반 건축물이었지만 매달 받는 월세로 낼 수 있겠다는 생각하고 현장 조사를 가서 봤던 물건이다.

			보49,000,000원	없음	소액임차인
정	주거용 401호전부	전 입 일: 2019.02.26 확 정 일: 2019.03.05 배당요구일: 2019.06.11	보49,000,000원	없음	소액임차인
정	주거용 205호	전 입 일: 2016.11.18 확 정 일: 2016.11.18 배당요구일: 2019.06.20	보33,000,000원	없음	소액임차인
정	주거용	전 입 일: 2019.03.19 확 정 일: 미상 배당요구일: 없음	미상	없음	배당금 없음
한국토지주택 공사(202호)	주거용 202호	전 입 일: 2016.11.28 확 정 일: 2016.11.28 배당요구일: 2019.05.21	보39,000,000원	없음	소액임차인
한국토지주택 공사(206호)	주거용 206호	전 입 일: 2016.10.31 확 정 일: 2016.10.19 배당요구일: 2019.05.21	보39,000,000원	없음	소액임차인
한국토지주택 공사(301호)	주거용 301호	전 입 일: 2016.10.19 확 정 일: 2016.10.18 배당요구일: 2019.05.21	보50,000,000원	없음	소액임차인
한국토지주택 공사(303호)	주거용 303호	전 입 일: 2016.11.24 확 정 일: 2016.11.25 배당요구일: 2019.05.21	보36,000,000원	없음	소액임차인
현	주거용 304호전부	전 입 일: 2016.12.02 확 정 일: 2016.12.02 배당요구일: 2019.07.18	보27,000,000원	없음	소액임차인
임차인수: 20명 , 임차보증금합계: 485,000,000원					

이 물건은 시작가가 2억 5,080만 원인데 총 보증금이 4억 8,000만 원이었다. 방은 19개가 있고 임대 세팅만 잘하면 투자 금액을 회수하고 대출 이자를 제외하더라고 월세 현금 흐름을 충분히 만들 수 있다. 학교에서 가까워서 위치도 좋은 편이고 부동산에서는 이 지역 땅 시세가 500만 원대라고 하니 500만 원에 66평을 곱해도 3억 3,000만 원으로 이 물건은 땅값도 안 되는 가격이었다. 비슷한 위치와 토지 면적의 구축 건물은 5~6억 원, 신축 건물은 10~12억 원에 거래되고 있었다.

나는 두 물건을 현장 조사하러 갔을 때 이 물건이 1순위였기 때문에 이 물건을 먼저 둘러봤다. 그동안 건물 관리가 안 되어 입구부터 전단지 등 쓰레기가 쌓여 있었다. 물론 청소를 하면 되니 상관없었다. 천천히 각 층을 둘러보며 옥상으로 올라갔다. 위반 건축물이 있는 옥상은 너무 처참

했다. 방 안에 유리창은 깨져 있었고, 결정적으로 담벼락이 벌어져 있었다. 보기만 해도 아찔했다. 너무 아쉬웠다. 옥상은 너무 처참했지만, 가격이 워낙 좋으니 포기하기가 쉽지 않았다.

이때 다가구 주택에 대해 잘 아는 부동산으로 가는 것이 좋다. 네이버 부동산에 다가구 매물을 많이 올리는 부동산을 가보는 것이 아무래도 더 많은 정보를 얻을 수 있다. 또한 부동산 유리창에 다가구 매물 정보를 많이 붙여 놓은 부동산일수록 좋다. 부동산에 방문하는 목적은 대충이 아닌 정확한 시세를 알아보는 것이 목적이다. 돌아다니다 보면 이 집이 경매에 나온 것을 아는 부동산도 있다. 이 집 시세를 알아보니 결론적으로 전세는 3,000~4,000만 원, 월세는 30만 원도 가능하다고 하니 25만 원이면 금방 맞출 수 있다고 했다. 두 번째 후보였던 내가 입찰한 물건의 시세도 이 물건과 비슷한 수준이었다. 시세를 알아볼 때는 보수적으로 알아보는 것이 좋다. 부동산에서 평균 시세를 얘기해주면 최대한 빨리 임대를 맞출 수 있는 금액을 물어보자. 예를 들어 시세가 월세 30만 원이라고 한다면, "그럼 25만 원이면 금방 맞출 수 있을까요?"라고 물어보는 식이다. 보수적으로 계산을 해놔야 위험에 대비할 수 있다.

첫 번째 물건은 보수할 것도 많고 위반 건축물 리스크도 있다 보니 고민 끝에 포기하기로 하고 두 번째 물건에 입찰하기로 했다. 물건이 양호한지 둘러보고 정확한 시세를 알아봤으면 현장 조사는 마무리해도 좋다. 18세대가 거주하고 있는 원룸으로 월세 25만 원으로 계산해도 월 450만 원의 현금 흐름을 만들 수 있는 건물이었다. 이자를 제외해도 매달 300만 원 이상 현금 흐름이 가능한 물건이었다. 이 건물의 개별공시지가는 매년 4% 이상씩 꾸준한 지가 상승을 하기 때문에 월세 현금 흐름과 향후 시세 차익까지 기대할 수 있는 물건이었다. 그렇게 두 번째 건물에 입찰하기로 마음을 먹었더니 '이 건물이 내 것이 될 수도 있겠다.'라는 생각에 기분이 묘했다. 누구에게는 저렴한 지방 다가구 건물일지 몰라도 건물주를 꿈꿨던 그 시간이 주마등처럼 스쳐 지나갔다.

입찰하기로 마음을 먹었다면 이왕 온 김에 조금 더 깊이 알아보는 것도 좋다. 보통 다가구는 보증금을 하나도 못 받는 사람들이 있다. 그분들 말고 보증금을 일부라도 배당을 받는 세입자를 만나고 오는 것을 추천한다. 생각보다 적대적이지 않고 친절한 경우가 더 많다. 만나서 물어보면 좋은 질문은 '이 집에 살면서 불편한 점은 없는지?', '에어컨, 주방 교체는 교체된 것이 있는지?' 등이다.

실례가 안 된다면 집을 잠시 봐도 되는지 물어보는 것도 좋다. 나는 이 집이 3년 전에 집주인이 바뀌면서 전체적으로 에어컨과 주방을 교체됐다는 사실을 세입자를 통해 알게 되었다. 그러면 낙찰을 받고 추가로 들어가는 비용을 절감할 수 있다. 벽걸이 에어컨 새것 기준으로 가장 저렴한 것이 40만 원이라고 해도 18세대를 교체해야 한다면 적은 돈이 아니다.

월세 현금 흐름 부동산의 '꽃'이라 불리는 다가구를 조사할 때에는 가장 중요한 것은 단연 시세 조사이다. 사는 가격이 얼마인지, 파는 가격은 얼마인지, 전·월세 시세를 알되 보수적인 금액까지 알고 있는 것이 좋다. 수익률을 계산할 때는 보수적인 월세로 계산하는 것이 위험을 줄일 수 있다.

03

이기는 명도 기술은 따로 있다

우리가 다른 사람에게 할 수 있는 가장 좋은 일은 단순히 우리의 재물을
나눠주는 것이 아니라 그에게 그 자신이 가진 것을 알게 해주는 것이다.
-벤저민 디즈레일리-

"다가구 경매 투자는 관심이 있는데 보통 10가구가 넘는 세입자들을
명도해야 한다는 것이 제일 고민입니다."

"저는 1가구도 명도하기가 힘든데 10가구 이상을 할 수 있을까요?"

다가구 경매에 관심이 있는 분들이라면 한 번씩 명도에 대해 고민을
해봤을 것이다. 또한 다가구가 아니더라도 경매 초보자일수록 명도에 대
해 겁부터 먹는 분들이 의외로 많다. 그러나 경매는 국가 사업의 일환이
다. 국가는 경매라는 사업을 통해 부동산을 팔면서 이를 구매하는 사람
에게 혜택을 하나 준다. 그것은 구매한 부동산에 누군가 살고 있다면 그

소액 경매 투자의 정석

사람을 법적으로 내보낼 수 있는 제도적 장치를 마련해놓은 것이다. 부동산을 안심하고 구매하라는 뜻이다. 이 장치는 인도명령제도라고 한다.

인도명령제도는 낙찰받은 물건의 잔금을 치르는 과정에서 법무사 사무소에 신청이 가능하고 그 집에 사는 명도 대상자와 협상이 제대로 진행되지 않을 때 강제 집행을 신청할 수 있는 요건이 된다. 명도를 하는 것이 두려워서 경매 투자를 꺼릴 필요는 없다. 어차피 낙찰자가 이기는 것은 이미 정해진 것이다. 단지 시간이 조금 걸리더라도 말이다. 결국 이사를 가야 하는 명도 대상자는 이사 갈 시간적 여유와 이삿짐을 옮길 돈이 필요하다는 것을 알고 있으면 된다. 이 장치가 나의 뒤에 있다고 생각하고 편하게 경매를 시작해도 무방하다. 그런데 막상 명도를 하다 보면 강제 집행까지 가는 경우는 거의 없다. 협상 자체를 하지 않으려 하고 악의적으로 집을 비워주지 않거나 연락을 두절하지만 않는다면 말이다. 이런 상황이 온다고 해도 결국 명도는 된다.

내가 낙찰받았던 15가구가 살고 있던 다가구를 명도하는 것도 큰 어려움은 없었다. 잔금을 최대한 미루면서 명도를 하기 시작했다. 그중 3가구는 재계약을 했고 12가구는 명도하면 되는 것이었다.

잔금을 낼 때쯤 대부분의 명도는 끝낼 수 있었고 잔금 납부 후 2개월 만에 임대를 마무리했다. 주위 부동산에서도 도와주었고 내가 설치한 현수막도 한몫했다.

세대수가 많더라도 다가구 명도 어렵지 않다

• 임차인 보증금 예상 배당액

No.	권리종류	임차인	보증금액	배당금액	배당비율	미배당금액
1	주택임차인	이	20,000,000	14,000,000	70.00%	6,000,000
2	전세권	이	40,000,000	14,000,000	35.00%	26,000,000
3	주택임차인	이	15,000,000	14,000,000	93.33%	1,000,000
4	주택임차인	장	40,000,000	14,000,000	35.00%	26,000,000
5	주택임차인	박	30,000,000	14,000,000	46.67%	16,000,000
6	주택임차인	박	15,000,000	14,000,000	93.33%	1,000,000
7	주택임차인	이	30,000,000	14,000,000	46.67%	16,000,000
8	주택임차인	우	15,000,000	14,000,000	93.33%	1,000,000
9	주택임차인	유	20,000,000	14,000,000	70.00%	6,000,000
10	주택임차권	한국토지주택공사	40,000,000	배당금없음	0.00%	40,000,000
11	주택임차인	김	15,000,000	배당금없음	0.00%	15,000,000
12	주택임차인	김		배당금없음	0.00%	
13	주택임차인	류		배당금없음	0.00%	
14	주택임차인	왕	5,000,000	5,000,000	100.00%	

◎ 예상배당표는 채권의 금액과 내용에 따라 사실과 다를수 있으므로 참고용으로 사용하시기 바랍니다.

경매 정보지에서 볼 수 있는 예상 배당액 표이다. 그러나 경매 정보지에서 제공되는 예상 배당액 표가 100% 정확한 것은 아니다. 그 이유는 첫 번째, 이전 세입자가 전입을 빼지 않아서 현재 세입자와 보증금 겹치는 부분도 있고 두 번째, 애초부터 전입신고를 하지 않아서 기록이 안 되어 있는 보증금도 있다. 내가 실제로 낙찰받은 다가구의 예상 배당액 표인데 이 표에서도 이 2가지 변수가 있었는데 실제로 15가구의 명도 대상자들은 3가지로 분류하여 정리할 수 있다.

> 1. LH 주택공사 1가구
> 2. 소액임차인 9가구
> 3. 배당 받지 못하는 임차인 5가구

214

명도를 하는 데 아무 무리가 없는 것은 바로 LH 주택공사 분들이다. 세입자는 보통 보증금의 5%가 본인 자금이다. 이마저도 LH 주택공사에 5%의 보증금을 받을 수 있다. 모든 책임은 LH 주택공사에 있다. 이사 협의는 임차인과 통화해서 진행하고 이사를 나가면 소유자는 임차인에게 명도 확인서를 주는 것이 아니라 LH 주택공사 직원에게 주면 된다. 그런데 이 집 같은 경우는 LH 주택공사가 받는 배당금이 하나도 없었다. 그래서 명도 확인서를 줄 필요가 없었다. 이렇게 LH 주택공사가 돈을 못 받는 보증금은 어마어마하다고 한다.

최우선 변제를 받는 소액 임차인분들도 보증금의 전부 또는 일부를 받기 위해서는 소유자의 명도 확인서와 인감증명서가 필요하다. 그래서 명도 협상이 쉽게 이루어진다. 내가 낙찰받은 다가구 15가구 중 10가구가 소액 임차인이었다. 10가구는 은행 근저당보다 우선해서 1,400만 원씩 받는 경우였다. 10가구 중에서는 본인의 보증금을 다 받는 경우도 있고 반도 못 받는 경우도 있다. 1,500만 원에 보증금을 내고 1,400만 원을 받아가는 경우가 있는 반면, 4,000만 원의 보증금을 내고 1,400만 원을 받는 세입자도 있다. 협상은 큰 무리 없이 마무리되지만 세입자에 대한 안타까운 마음이 들어 위로의 말을 꼭 전하는 편이다.

"그동안 마음고생 많으셨어요. 앞으로 좋은 일만 가득하길 진심으로 바랍니다."

간혹 공격태세를 하고 있던 명도 대상자라 할지라도 이 2마디로 무장해제를 하곤 한다. 나에게 보증금을 전부 또는 일부를 받지 못하는 속상한 마음을 하소연하기도 한다. 최대한 진심으로 격려와 응원을 해주고 내가 먼저 상대방의 마음을 열고 대화를 시작한다면 대부분의 명도는 쉽게 할 수 있다.

꼭 명도가 아니더라도 "혹시 조건만 괜찮다면 저와 재계약을 통해 이 집에서 더 거주할 생각은 있으신가요?"라고 여쭤보자. 세입자가 보증금을 대부분 받고 전세 계약에서 월세 계약으로 전환할 의향이 있다면 충분히 재계약 가능성이 있는 것이다. 재계약을 하면 앞서 여러 번 언급했듯이 비용과 시간을 절약할 수 있다. 집을 비우고 도배, 장판, 수리 비용과, 공실로 인한 리스크, 재임대를 놓기 위한 에너지 소비가 대표적이다.

세입자 중에서 보증금의 절반도 안 되는 배당금을 받는 상황임에도 불구하고 나와 재계약을 하길 원하는 세입자가 있었다. 경매 때문에 이 집이 정이 뚝 떨어졌지만 그래도 여러 집 중에 선택한 집이었고, 가격도 저렴하게 들어왔고 번거롭게 이사를 할 바엔 그냥 여기서 살고 싶다는 이유였다. 그것도 전세로 말이다. 20대 후반 대기업에 다니는 남성분으로 인상도 굉장히 좋아서 나 역시 재계약을 하고 싶었지만 나는 모든 세대를 월세로 맞추려다 보니 조건이 맞지 않아서 재계약은 하지 않았다. 이 일은 낙찰을 받은 날 당일이었는데, 그래도 이 집을 좋게 평가해주니 기

소액 경매 투자의 정석

분이 좋았다. 이 세입자에게는 여유 있게 이사하라고 1달의 여유 시간을 주기도 했다.

배당을 못 받는 임차인은 5가구였다. 이 중에서 3가구가 보증금 300만 원에 월세 25~30만 원에 거주하고 있었다. 이 3가구의 세입자들은 보증금을 받지 못하는 상황이었다. 낙찰 당일 3가구 중 2가구의 세입자를 만날 수 있었다. 나는 위로의 말을 전하고 재계약 의사를 물어봤는데 재계약 의사가 있다고 하는 것이다. 한 분은 월세를 조금 빼줄 수 있냐는 조건을 걸었고 한 분은 기존 계약 그대로 해주기만 해도 고맙다고 했다. 지금 임대료도 주위 시세보다 저렴한 편이었고, 그 전 집주인이 이 집이 경매가 들어간 이후에 세입자와 계약한 것이라서 부동산에 대해 잘 모르는 세입자를 구해서 저렴하게 임대를 놓은 듯했다.

나는 명도를 하고 재임대를 맞추는 수고보다 임대 가격 저렴하게 해서라도 리스크를 줄여가는 것을 택했다. 그렇게 낙찰 당일 계약금을 받았다. 다른 1가구는 나중에 연락이 왔는데 다행히 재계약 의사가 있어서 기분 좋게 재계약을 할 수 있었다. 그렇게 15가구 중 3가구는 재임대를 하고 보증금의 일부를 받는 10가구는 다 이사 날짜를 잡으면서 순조로운 명도가 되는 듯했다.

남은 것은 보증금을 배당받지 못하는 2가구였다. 한 가구는 104호의 보증금 1,500만 원과, 105호의 얼마인지 모르는 보증금 '미상'이었다. 보증금이 얼마가 됐든 내가 인수하는 금액은 아니다. 하지만 임차인의 입장에 서서 안타까운 마음이 들었다. 104호는 이미 짐을 뺀 상태였고 나에게 연락이 와서 방 비밀번호를 알려주었다. 그런데 남은 한 집이 연락도 없고 깜깜무소식이었다. 어느 날 연락이 왔다. 세입자의 아버님에게 연락이 온 것이다. 중간에 다른 부동산 사장님이 개입하셔서 부동산 사장님과 대화를 했다. 결론은 이사 비용을 요구하는 것이었다. 이런 경우에는 바로 금액을 정해서 입금을 하는 것이 아니라 소위 '밀당'이라는 것이 필요하다. 금액을 정하지 말고 "먼저 집을 빼주시면 드리겠다."라고 말하는 것이 좋다. 그러면 상대방은 아마 동의하지 않고 통화는 마무리될 것이다. 연락은 다시 올 것이고 짐을 먼저 빼도록 설득하는 것이 핵심이다. 짐을 뺀 후 소정의 이사 비용을 주고 마무리하면서 15가구의 명도를 할 수 있었다.

경매를 시작하는 단계에서 명도를 진행하기도 전에 어려움을 이야기하는 경우가 많다. 하지만 모든 일은 사람과 사람 사이에서 일어나고 결국 해결이 되는 법이다. 무작정 상대방을 압박하기보다는 상대방의 입장을 충분히 고려하는 대화법을 적절히 구사하는 것이 이기는 명도의 기술이다. 결국 경제적인 부분과 시간적인 부분이 협상의 열쇠이다. 재계약을 하는 것은 아주 좋은 방법이다. 배려하는 명도를 하되 본인이 너무 손해 보면서까지 하지 않도록 하자.

부동산 투자 시 필수 활용 앱

열정적인 사람들은 다른 사람들에게 사기와 의욕을 불러일으킨다.
우리가 잘 아는 것처럼, 열정은 전염성이 있다.
-레너드 H. 로버츠-

 집을 구할 때, 시세를 알아보고 싶을 때, 중개업 관련 업무를 하거나 내가 원하는 부동산이 있다면 그 부동산의 정보를 현장에 가지 않아도 어느 정도 알 수 있는 편리한 어플(앱)들이 많다. 덕분에 지금은 손품, 발품을 많이 줄일 수 있는 시대이다.

 아마 부동산에 관심이 조금 있으신 분들은 아실 테지만, 혹시 아직도 모르시는 분 또는 어떻게 활용을 해야 할지 모르는 분들을 위해 2가지 앱을 소개하고자 한다. 컴퓨터와 핸드폰으로 쉽게 이용할 수 있고 잘 모르겠다면 네이버에 접속해서 '호갱노노', '밸류맵'을 검색해서 이용하면 된다.

1. 호갱노노

: 아파트 가격은 물론, 주변 시세, 아파트 경사도, 해당 지역의 인구 변동, 아파트 공급량 등의 복합적인 부동산 자료 검색 가능

국토교통부의 데이터를 기반으로 하는 아파트 실거래가 1등 앱 '호갱노노'는 처음에는 부동산 정보 사이트가 아니었다고 한다. 가격 비교 사이트 이름이었다. 심지어 이케아 상품 가격을 전 세계적으로 비교했던 앱이었다고 한다. 호갱노노의 심상민 대표는 원래 부동산에 관심이 많았다고 한다. 부동산을 처음 시작하는 사람들이 그랬듯 부동산을 싸게 사는 것이 주목적이었고 그래서 경매로 부동산에 처음 입문을 했다고 한다.

심상민 대표는 부동산 공부를 하면서 놀라운 사실을 알게 되었다고 한다. 아파트 실거래가와 시장 호가의 차이가 너무 컸다는 것이다. 일반인들이 아파트의 실거래가를 찾아보지 않고 부동산에 방문할 경우 일반적인 협상을 할 수밖에 없는 경우가 많이 발생하는 것이 안타까웠다고 한다. 그래서 부동산 방문 전에 '최소한 실거래가라도 알고 가자.'라는 취지이자 '호구 고객이 되어서는 안 되겠다.'라는 의미로 '호갱노노'를 기획하고 발표하게 되었다고 한다.

소액 경매 투자의 정석

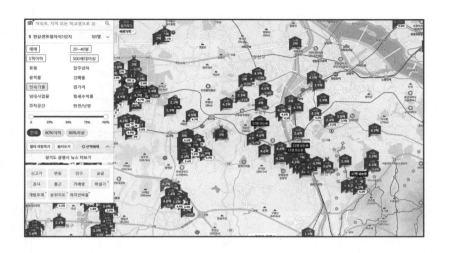

이렇게 지도 위에 아파트 개별 단지마다 실거래가를 보여주면서 부동산 부문 고객 선호도 1위의 앱이 탄생한 것이다. 호갱노노는 따로 홍보한 적이 없다고 한다. 부동산에 관심이 많은 사람들 사이에서 폭발적인 반응이 쏟아졌고 자연스럽게 많은 사람끼리 서로 소개하면서 부동산 필수 앱으로 등극하게 된 것이다. 호갱노노 앱을 보면 해당 아파트 평수와 그 밑에 최근 실거래 기준 1개월 평균가를 보여준다. 그리고 자세히 보면 왕관을 쓰고 있는 아파트가 있는데 그 아파트가 그 지역에 소위 '대장 아파트'라는 뜻이다.

대장 아파트가 시세를 움직인다는 것은 아파트 투자자들은 대부분 알고 있다. 대장 아파트가 상승하면 자연스레 주위 아파트들부터 차근차근 상승을 하고 하락도 마찬가지이다. 관심 있는 지역의 대장 아파트를 찾고 시세의 움직임을 체크하면 유용하다.

호갱노노에서 가장 많이 활용하는 메뉴는 실거래가 확인 기능이겠지만 또 다른 인기 있는 메뉴가 있다. 내가 호갱노노를 가장 애용하는 이유이기도 한데 바로 해당 아파트에 대한 사람들의 생생한 이야기를 들을 수 있는 것이다. 거주민, 투자자 등 다양한 사람의 이야기들도 있어서 걸러서 봐야 하는 부분도 있지만, 그 아파트나 그 지역에 대해 전혀 모르는 상황에서 빠르고 쉽게 그 아파트의 분위기를 살필 수 있다. 또한 지역주민들만 아는 개발 호재, 계획들을 정확하게 접할 수 있다.

내가 20년 동안 살았던 서울 광진구에 있는 아파트 중에 '광진 한화 꿈에그린'이라는 아파트가 있다. 내가 꼭 이사 가고 싶은 아파트이기도 한데 이 아파트 입주민의 후기를 보면 다음과 같다.

"부모님과 함께 살았는데 뚝섬유원지가 가까워서 좋았어요."
"주차 넉넉하고 강남 나가기 편하고 살기 좋아요."
"강변뷰는 좋으나 주변 교육 생활 환경은 그리 좋지 않음."
"주변에 아무것도 없어요. 밤에 조금 무서워요."

이렇게 후기를 통해 해당 아파트의 정보를 조금 더 자세히 알 수 있다는 점이다. 로열동을 찾을 수 있고 어떤 동이 무슨 뷰를 가지고 있으며 중요한 부분 중 하나인 주차 밀집도, 아파트 보안과 청결도까지 체크할 수 있다. 이 밖에도 개발 호재, 분양 정보, 재건축 정보, 경매 물건 정보를 쉽게 볼 수 있고 철도공사 예정지라는 사실까지 알 수 있어서 정말 편리한 부동산 앱이다.

2. 밸류맵

: 전국의 부동산 토지, 상가, 주택 등 실거래가 및 토지 시세 정보 및 평당 시세까지 확인이 가능

토지를 예로 들자면, 괜찮은 토지가 있는데 정보가 많이 없어서 시세가 얼마 정도 되는지 잘 모르는 경우가 많다. 토지 같은 경우에는 아파트

처럼 정확한 시세가 없어서 시세를 평가하기가 다른 부동산보다 어렵다. 그래서 주변 시세를 모르고 매수나, 매도하는 경우에는 잘못하면 손해를 볼 수 있다. 이 밸류맵을 활용하면 그동안의 주변 토지의 거래 가격 사례를 알 수 있어서 어느 정도 해당 토지의 예상 시세를 알 수 있다.

밸류맵에 들어가서 검색란에 토지 또는 신축 다가구 수익형 건물을 지을 수 있는 오래된 단독주택의 경우에도 토지로 보는데 해당 지번을 입력하면 그 주변에 언제 얼마에 거래했는지를 볼 수 있다. 밸류맵은 특히 그동안의 부동산 중에 땅 가격의 거래 가격과 시세를 알고 싶을 때 유용한 앱이다.

밸류맵의 활용

경매 회사에 다니면서 오산, 평택, 여주, 대전 등등 경매로 나온 넓은 땅들을 위주로 보러 다녔다. 모든 거래가 그렇듯 이 땅을 사면 얼마에 팔수 있는지가 중요하다. 그래서 땅의 시세를 아는 것이 중요한데 주변에 비슷한 땅들이 얼마에 팔렸는지 평당 가격은 얼마인지 기존의 거래 사례들을 밸류맵을 통해 쉽게 알 수 있다. 그 거래 사례가 입찰할 가격을 정하는데 좋은 정보가 된다.

또한 다가구 통건물에 관심이 많았던 나에게는 굉장히 유용한 앱이었다. 이 단독주택 용지는 평당 얼마에 거래가 됐는지 한눈에 알 수 있다. '이 땅은 평당 이 가격에 샀네.', '와! 이 땅은 정말 저렴하게 거래가 됐구나.', '이 땅이 이렇게 비싸게 팔렸어?'라는 정보를 쉽게 알 수 있다.

내가 2017년부터 관악구 봉천동에서 부동산을 운영했을 당시 한창 신축 원룸들이 많이 생기기 시작했던 시기이다. 신축 원룸 건물을 지을 수 있는 기존의 오래된 단독주택들은 많은 거래가 이루어졌으며 땅의 평당 가격이 쭉쭉 올라가던 시기였다. 구석에 있는 땅 들도 건물만 지을 수 있다면 건축업자들이 땅을 사서 원룸을 지었다. 그 당시 나는 세입자들에게 인기도 좋지만, 중개 보수도 많이 받을 수 있었던 신축 원룸 위주로 임대차 계약을 많이 하다 보니 처음에는 관심이 없었지만 자연스럽게 원룸의 원가를 알게 되었다. 땅값만 알면 거기에 건축비와 세금을 더하면 되는 것이었으니 말이다. 대출 레버리지를 활용하면 '실제로 본인의 돈은 생각보다 많이 들어가지 않는구나.'라는 것을 알게 되었고 나에게 건물주의 꿈을 만들어준 계기가 됐던 시기이기도 하다.

그 당시에는 이 밸류맵을 잘 알지 못해서 이 땅은 얼마에 팔렸는지 국토교통부 실거래가를 조회하거나 직접 거래한 부동산에 가서 물어봤다. 하지만 지금은 그럴 필요 없이 밸류맵으로 거래 가격과 평당 가격을 쉽게 볼 수 있다. 이 지역에 '원룸 건물을 짓기 위해 땅을 알아봐야지.'라고 한다면 기존의 거래 사례 가격이 중요한 지표가 될 것이다. 물론 건물이 나란히 옆으로 또는 앞뒤로 붙어 있어도, 코너 땅인지, '북도로'의 접한 땅인지에 따라 가격이 다르지만 말이다.

밸류맵은 여러 가지 기능이 있지만 '평당 얼마에 샀는가?'를 알기에 굉장히 편리하다. 관악구 봉천동의 오래된 단독주택이 '신축 건물이 되기 전에 평당 얼마에 거래됐는가?' 그리고 '지금은 평당 얼마에 살 수 있겠구나.'를 밸류맵 거래 사례를 통해 알아보자.

아직 휴대폰에 밸류맵 앱이 없다면 바로 다운로드 받아보자. 밸류맵을 들어가면 이런 식으로 단독, 근린, 숙박 등 용도와 가격이 나와 있다. 예를 들어 우리가 '월세 수익형 부동산의 꽃', 흔히 '건물주'라고 불리는 다가구 건물을 짓기 위해 그동안의 거래 가격을 알아본다고 가정해보자. 그런데 이 가격만 보고는 이 땅을 저렴하게 잘 구매한 것인지 아닌지 알수 없다. 그래서 어느 정도 필터링이 필요하다. 먼저 위에 토지, 주택, 빌딩, 공장, 상가, 경매 카테고리에서 토지와 주택만 선택한 뒤 그 밑에 총액을 단가로 바꾸자. 그리고 우측 상단에 필터를 눌러서 거래연도와 최근 3년을 순서대로 누르면 최근 거래된 내용을 볼 수 있다. 나온 금액들은 1평당 땅 가격이다. 2,000~4,000만 원까지 가격이 다양한데 보통 이 지역의 다가구를 짓기 위한 땅 가격은 평당 2,500만 원대가 많았다. 평수는 대략 40평대로 땅값을 계산해보면 2,500만 원×40평이니 땅값만 약 10억 원이었다. 여기에 건축비와 각종 세금을 더하면 건물원가는 보통 15~17억 원 사이가 일반적이었다. 이런 식으로 땅 가격을 알면 그 부동산의 원가도 대략 알 수 있어서 거래 협상을 할 때 밸류맵을 유용하게 사용할 수 있다.

마음에 드는 부동산 매물이 나왔는데 시세가 얼마인지 잘 모를 때 주변 시세와 거래 가격을 알 수 있는 밸류맵을 활용해보자. 시세를 잘 모르고 매수나 매도를 해서 큰 손해를 보는 일이 없도록 하자.

부동산 앱을 잘 활용할수록 시행착오를 줄일 수 있다. 실제로 밸류맵을 통해 부동산의 거래 가격을 알 수 있으니 기획부동산 피해 사례가 줄었다는 기사를 본 적이 있다. 그 정도로 정보 공유의 힘은 대단하다. 부동산을 살 때 가장 중요한 것은 좋은 부동산을 싸게 사는 것이다. 이것이 투자의 제1원칙이다. 부동산을 싸게 사려면 어떻게 해야 할까? 해당 부동산의 시세를 철저하고 명확히 알아야 한다. 이런 부동산 앱은 여러 가지 기능이 많지만, 시세를 파악할 때 큰 도움이 될 것이다. 예전에는 잘 알 수 없었던 부동산 시장의 비대칭적인 정보를 이제는 이런 부동산 앱들을 통해 누구나 쉽게 볼 수 있게 되었다. 부동산 앱들을 잘 활용하여 성공하는 투자자가 되길 바란다.

05

수요와 공급을 파악하면 돈이 보인다

당신이 할 수 있는 일, 하고 싶은 일, 꿈꾸는 일을 바로 지금 시작하라.
대담함 속에는 이미 많은 힘과 재능, 마법이 숨겨져 있다.
−요한 볼프강 괴테−

대한민국 직장인 중에 3분의 1이 월 급여가 200만 원이 안 된다고 한
다. 그럼 한 달에 악착같이 쪼개서 100만 원을 저축한다고 해도 1년이면
1,200만 원이다. 그렇게 몇 년을 모아도 내 집 마련은 힘든 시대가 되었
다. 청약으로 서울이나 수도권 같은 청약 시장을 노려보는 것도 좋지만
젊을수록 가점이 낮아서 당첨확률도 높지가 않다.

서울, 수도권 같은 경우는 금액도 비싸서 전세를 끼고 산다고 해도 큰
목돈이 필요하다. 그래서 투자처를 발굴해서 지방 어디가 됐든 돈을 불
리는 것이 중요하다. 그럼 어느 지역에 투자해야 할까?

"나는 한 곳에서 오래 살아서 다른 지역은 잘 몰라"

대부분 그렇다. 일반적으로 전국을 꿰뚫고 있는 사람들이 과연 얼마나 될까? 부동산 전문가들도 힘든 부분이다. 그렇지만 앞으로 오를 가능성이 높은 지역을 찾는 방법은 있다.

반대로 '이 지역은 이제 가격이 내려갈 가능성이 높다.'라는 것은 충분히 공부를 통해 알 수 있다. 그 공부는 시장원리를 알아야 하는데 바로 경제학에서 배우는 수요와 공급에 대한 이론이다. "나는 수요와 공급이론을 잘 몰라요."라고 하는 분도 있을 것이다.

그러나 걱정하지 않아도 된다. 우리들은 이미 알고 있으니 말이다. 수요와 공급이라는 단어가 생소할 뿐이다. 이미 수요와 공급은 우리 일상생활에 녹아있는 이론이기 때문에 이 글을 읽다 보면 자연스럽게 알게 될 것이다. 이 원리만 제대로 알고 있어도 경매뿐만 아니라 일반 매매 투자, 분양권, 재개발, 재건축까지 투자의 큰 흐름을 알 수 있다.

부동산 투자도 좋지만, 실패를 줄이고 돈을 지키는 방법도 중요하다. 지금부터 이야기할 내용을 잘 활용하기를 바란다. 이미 예전부터 이 내용을 알고 있고 투자하는 사람들이 많다. 이제는 기본 중의 기본이기 때문이다. 하지만 아직 모르는 사람들을 위해 올바른 투자를 해서 부자가 되길 바라는 마음으로 이 글을 적는다. 이것이야말로 부자가 될 수 있는 부동산 투자 방법이다.

모든 재화의 가격은 수요와 공급으로 결정된다

아주 예전 일이긴 한데 허니버터칩이 처음 나왔을 때 사 먹고 싶어도 품귀현상으로 인해 못 사 먹었다. 슈퍼에 가도 "허니버터칩 언제 나와요?"만 물어보고 나올 뿐 항상 허탕이었다. 그러나 사 먹을 방법은 있었다. 웃돈을 주고 '중고나라' 같은 인터넷 커뮤니티에서 거래를 하는 것이었다. 그때 당시 정가가 2,000원이었다면 한 봉지에 10,000원까지 했던 것으로 기억한다. 누군가 사재기를 해서 4,000원에도 팔아보니 팔리고 1,000원 더 올려도 팔리니 결국 10,000원까지 올라간 것이다. 그 가격에도 사려는 사람이 실제로 있었다. 시간이 지나 허니버터칩이 흔해지면서 슈퍼마켓에 가서도 쉽게 사 먹을 수 있으니 원래 정가가 되었다. 여기서 허니버터칩을 사 먹으려고 하는 사람들이 수요이고, 허니버터칩이 공급이다. 이 세상의 모든 재화의 가격은 수요와 공급을 통해 형성된다. 허니버터칩을 사려고 하는 고객의 수요는 있는데 허니버터칩이 공급이 안되면 가격은 올라간다. 반대로 수요보다 공급이 많으면 가격은 내려가게된다.

이번 코로나 사태 때 초기에 마스크 가격을 기억하는가? 코로나 초반에 마스크를 구하기가 쉽지 않았을 것이다. 약국 앞에 줄을 길게 서 있는 광경을 자주 볼 수 있었다. 아마 그 당시 마스크의 공급량이 부족하여 가격이 폭등했던 때가 있었다. 한 장에 3,000원 이상 웃돈을 줘야 살 수 있었다. 나도 아내와 함께 마스크를 사기 위해 이곳저곳 약국을 돌아다니거나 인터넷으로 주문하기 위해 고군분투하기도 했다. 시간이 지나 마스크 공급 물량이 늘어나면서 마스크의 가격은 제자리를 찾았다.

이 수요와 공급의 법칙은 부동산 시장에서도 그대로 적용된다. 각 지역에 인구는 '수요'이고, 주택의 수는 '공급'이라고 할 수 있다. 인구의 수 대비 주택의 수가 부족한 곳은 부동산 가격이 오르게 될 것이고 게다가 외부에서 인구가 더 유입된다면? 주택의 가격은 더욱더 오르게 된다. 반대로 인구보다 주택의 물량이 훨씬 더 많으면 오히려 주택이 남게 되면서 미분양이 되면서 주택의 가격은 내려갈 것이다. 그래서 투자자 입장에서는 인구 대비 주택 공급 물량이 많아지는 곳보다 주택 공급 물량이 적어져서 가격이 오르는 지역에 투자하는 것이 핵심이다.

그렇다면 이제 인구수 대비 공급 물량이 적은 곳에 투자하면 되는 것은 알겠다. 실제로 7월의 〈KBS NEWS〉 기사를 보면 "청주 내년 신규 분양 1만 2천여 가구 분양 예정…"이라는 기사가 있다. 그렇다면 청주에 새로 생기는 주택의 공급량이 많은 것인지 적은 것인지 가늠할 수 있을까? 기준을 모르면 당연히 알 수가 없다. 그런데 기사를 더 보면 "이 같은 물량은 청주시가 분석한 연간 적정 규모 공급량 5천여 가구보다 2.5배가량 많은 것이어서 공급 과잉에 대한 우려가 커질 전망입니다."라고 나와 있다.

그러면 왜 청주의 연간 적정 공급량은 5천여 가구일까? 그 이유는 청주의 인구수 대비 연간 적정 공급량이 5천여 가구라는 뜻으로 네이버에 '청주 인구수'라고 검색을 하면 확인이 가능한데 2020년 6월 기준 84만 2,821명이다. 인구가 약 80만 명인 청주의 연간 적정 공급량은 5천여 세대라는 말이다. 보통 한 지역에 연간 적정 주택의 공급량은 해당 지역 전체 인구수의 약 0.7% 정도로 본다. 인구 80만 명의 0.7%는 5,600이라는 숫자가 연간 적정 주택 공급량이 되는 것이다. 이 0.7% 중에서 아파트는 대략 0.5%, 나머지 0.2%는 기존 주택, 빌라, 오피스텔이 차지한다고 보면 된다. 빌라, 오피스텔을 제외하고 해당 지역에 연간 아파트 공급량이 0.5% 이상이라면 공급량이 많다고 보면 되는 것이다. 다시 한 번 짚어보자면 주택의 공급량이 많은 곳에 투자해야 할까? 적은 곳에 투자해야 할까? 공급 물량이 적은 곳에 투자해야 한다. 이것이 주택 중에서 아파트 투자의 기본 중의 기본이다.

수요와 공급을 통한 투자 지역 분석하기

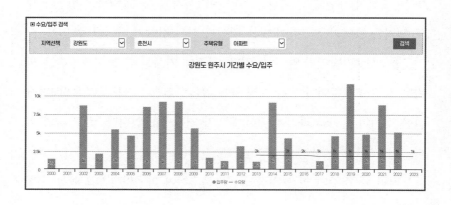

그렇다면 이제 해당 지역 인구수 대비 주택 공급량이 적은 지역을 찾아보는 것이다. 그중에서도 거래가 활발한 비규제지역을 위주로 보겠다. 강원도부터 보자면 강원도에는 여러 시, 군이 있지만 군은 투자 지역에서 일단 빼는 것이 좋다. 규모가 너무 작기 때문이다. 그렇다고 해서 그 지역 아파트가 오르지 않는 것은 아니지만 어느 정도 규모가 있는 지역에 투자하는 것이 가격 상승률이 비교적 높다. 그래서 강원도를 대표하는 춘천, 원주 정도만 봐도 무방하다.

춘천의 인구는 약 28만 명으로 아파트 수요량은 0.5%인 약 1,400세대이다. 그래프를 보면 빨간 선은 매년 필요한 수요량인데 이 선이 1,400세대를 의미한다. 이 선을 넘으면 1,400세대 이상으로 공급량이 많은 것이고 선보다 밑에 있으면 공급량이 낮은 것이다.

2020년과 2021년을 보면 빨간 선의 수요량 대비 공급량이 많다. 2022년에는 공급량이 줄긴 했지만 여전히 많다. 이런 경우에는 춘천 시장은 아직 투자하기 이른 지역이다. 그렇지만 요즘은 워낙 부동산 시장이 빠르게 돌아가서 이렇게 공급량이 많아도 춘천을 대표하는 메인 1군지에 있는 분양권은 프리미엄이라고 불리는 'P'가 붙을 수 있다. 투기성이 불기도 하기 때문이다. 그런 예외도 있지만 지금 2020년 시점에서 춘천 시장을 보면 '춘천은 아직은 조금 이른 시장이다.'라고 생각하고 넘어가면 된다.

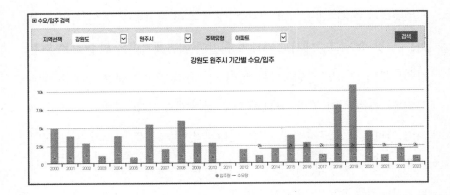

그다음은 원주이다. 원주의 인구는 약 35만 명으로 아파트 수요량은 0.5%인 1,750세대이다. 그래프를 보면 2020년 시점에서 공급량을 보면 줄어들고 있다. 2022년에는 공급량이 조금 오르긴 했지만 수요보다는 적기 때문에 원주는 투자지역 후보군으로 기억해두자. 이렇게 강원도는 춘천과 원주를 위주로 보되 2020년 시점에서는 춘천보다는 원주가 공급량이 적기 때문에 둘 중 하나를 고르자면 원주가 더 투자하기 좋은 곳이라고 할 수 있다.

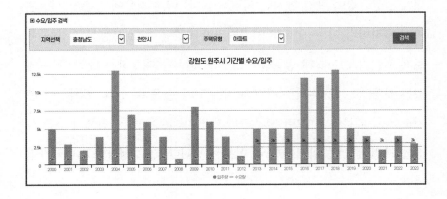

소액 경매 투자의 정석

충청남도는 천안과 아산이 대표적인 지역이다. 천안의 인구는 약 66만 명으로 아파트 수요량은 0.5%인 약 3,300세대이다. 천안은 2018년까지 아파트 공급 물량이 넘쳐나면서 가격이 많이 내려갔다. 그러다가 2019년 부터 공급량이 줄면서 2021년도부터는 적정 수요량보다 공급량이 적어지게 된다. 이런 경우에는 공급량이 적기 때문에 투자하기 좋은 지역이다. 실제로 2019년도에 천안 아파트 가격이 저점이었다. 그래서 이 당시 아파트를 매수한 사람들은 비싸게 사지만 않았다면 시세 차익을 볼 수 있었다.

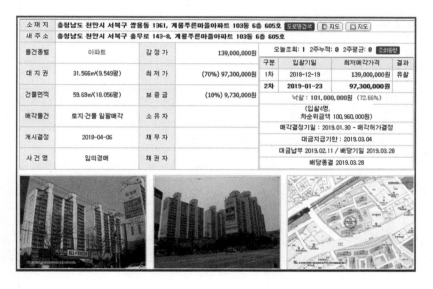

충청남도 천안시 서북구 쌍용동 계룡푸른마을아파트 사례이다. 1호선 쌍용역에서 5분 거리에 있는 초역세권 아파트였고 낙찰자는 1억 100만 원에 낙찰을 받았다. 이 물건은 당시 소유자가 살고 있었고 권리분석에 아무 하자가 없었다. 이 아파트의 네이버 부동산에 같은 평수 기준으로 올라온 매물 호가를 보면 현재 최저가 기준으로 1억4,000만 원대이다. 천안시 중에서 서북구 지역은 2022년까지는 공급 물량이 수요량보다 부족해서 아파트 가격은 앞으로 더 오를 가능성이 크다. 2019년 당시 낙찰자가 이 아파트에 입찰한 이유가 바로 이 공급 물량을 체크했기 때문이다. 2018년도엔 물량이 많아 가격이 가장 저렴했을 타이밍을 노린 것이다. 앞으로 오를 일만 남았다는 판단하에 입찰했고 그 예상은 적중했다. 사실 이미 정해진 결과였다. 공급 물량이 적은데 가격이 내려가는 일은 없으니 말이다. 이렇게 공급 물량만 체크한다면 투자의 실패를 크게 줄일 수 있다.

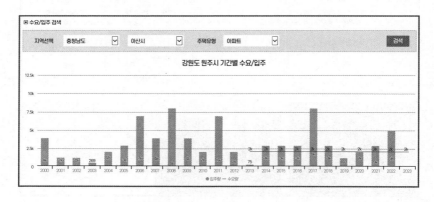

아산의 인구는 약 30만 명으로 아파트 수요량은 0.5%인 약 1,500세대이다. 아산도 현재 천안과 함께 비조정 대상 지역으로 천안과 함께 가장 인기가 있는 지역 중 하나이다. 2019년부터 공급 물량이 적어지면서 2020년 현재까지 가격이 많이 오른 지역이기도 하다.

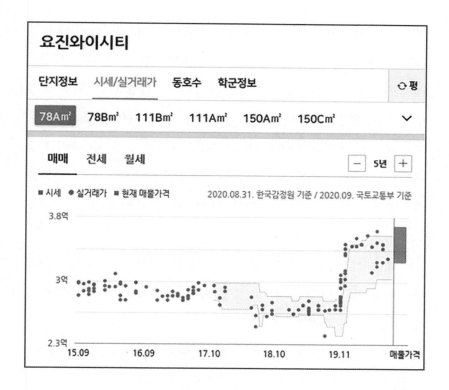

요진와이시티

| 단지정보 | 시세/실거래가 | 동호수 | 학군정보 | | ↻ 평 |

78Am² 　78Bm² 　111Bm² 　111Am² 　150Am² 　150Cm² 　∨

매매 　전세 　월세 　　　　　　　　　　　　　　－ 5년 ＋

■ 시세 ● 실거래가 ■ 현재 매물가격 　　2020.08.31. 한국감정원 기준 / 2020.09. 국토교통부 기준

현재 아산에서 대장 아파트라고 불리는 천안아산역 앞에 자리한 '요진 와이시티'에서 전용 24평 기준 아파트의 가격 그래프를 보면 2019년부터 가격이 올라가는 것을 볼 수 있다. 아산 지역의 아파트 공급 물량 그래프와 비교해보면 공급이 줄어드니 가격이 올라간 것으로 볼 수 있다.

'요진와이시티' 아파트로 예를 든 이유는 이 아파트가 현재 아산의 랜드마크 소위 대장이라고 불리는 아파트이기 때문이다. 해당 지역에서 대장 아파트를 찾는 방법은 간단하다. 그 지역에서 가장 비싼 아파트가 대장 아파트이다. 대장 아파트의 위치는 대부분 그 지역의 노른자위 땅에 있다. 실제로 이 아파트는 KTX 천안아산역 바로 앞에 있고 삼성디스플레이 예정지와도 가깝다. 대장 아파트는 그 지역 가격의 중심이 되는 경우가 많다. 대장 아파트의 가격이 올라가면 주위 아파트가 이를 따라 같이 상승을 하고 가격이 내려가면 그 주변의 아파트도 같이 내려가는 경우가 많다. 어느 지역에 투자할 때 그 지역의 대장 아파트 가격의 변화를 잘 체크하는 것도 그 지역의 흐름을 파악하는데 좋은 방법이다.

이 밖에 전라북도는 전주, 익산, 군산이 어느 정도 인구가 있는 지역이니 이 3곳을 기회의 지역으로 설정해두고 전라남도는 목포, 순천을 보자. 경상북도는 포항과 구미. 경상남도는 창원, 김해가 있다. 이 밖에 적지 않은 도시는 오르지 않는다는 말은 아니지만 각 시 · 도마다 인구가 가장 많은 지역을 위주로 먼저 검토해보라는 의미다.

각 시 · 도마다 대표하는 지역을 알고 덧붙여서 대략적인 인구까지 알면 좋다. 부동산 투자자라면 기본일 수 있다. 외우라는 것은 아니고 어느정도 감이라도 갖추면 도움이 될 것이다. TV에서 "어디 지역에 아파트 공급 물량이 얼마큼 나온다더라."라고 했을 때 이 말로 공급량이 많고 적음을 판단할 수 있다면 그것 또한 경쟁력이다.

이렇게 공급 물량만 파악할 줄 알아도 크게 실패하는 투자는 피할 수 있지만 '그렇다고 공급 물량이 적은 곳이니 투자하면 오를 거야.'라고 쉽게 생각하고 투자하면 후회할 수 있다. 왜냐면 부동산 투자는 여러 요인

소액 경매 투자의 정석

에 따라 가격이 변동되기 때문이다. 정부의 개입으로 인해 시장이 흔들릴 수 있는데 그 지역을 규제지역으로 묶는 것이 가장 큰 예일 수 있다.

요즘은 부동산 정보 사이트를 잘 활용해야 한다. 아파트 공급량도 전부 '부동산 지인', '호갱노노'라는 사이트에서 쉽게 볼 수 있다. 이런 프로그램을 잘 활용할 줄 알아야 투자에 대한 경쟁력도 키울 수 있다. 만약 지금 본인의 핸드폰에 '부동산 지인', '호갱노노' 앱이 없다면 지금 바로 다운받기 바란다. 처음 스마트폰을 샀을 때 이것저것 막 눌러보고 알아봤던 것처럼 이 부동산 앱도 이것저것 뭔지 알아보고 이 앱이 주는 양질의 정보들을 활용하여 멋진 투자자가 되길 바란다.

06

돈 되는 부동산의 5가지 조건

자신을 믿어라. 자신의 능력을 신뢰하라.
겸손하지만 합리적인 자신감없이는 성공할 수도 행복할 수도 없다.
—노먼 빈센트 필—

앞 장에서 각각 시도마다 대표하는 지역들과 아파트의 공급량을 체크하는 방법을 알아보았다. 가장 중요한 것은 이미 공급량이 줄어든 지역도 좋지만, 앞으로 아파트 공급량이 적어질 지역을 찾는 것이 더 중요하다. 앞으로 공급량이 적어져서 아파트의 가격이 오를 일만 남은 아파트에 투자하거나 실거주용으로 집을 사는 것이 이 내용을 배우는 이유이고 핵심이다.

공급량이 줄어드는 관심 지역을 찾았다고 해도 그 지역에 모든 아파트가 전부 다 오르는 것은 아니다. 여러 요인에 따라 A 아파트는 1,000만 원 오를 때 B 아파트는 5,000만 원이 오를 수도 있는 것이다. 반대로

C 아파트 가격은 아주 조금씩 내려갈 수도 있다. 그 지역 아파트의 가격이 똑같이 오르고 똑같이 내려갈 수는 없다. 그래서 이왕이면 같은 지역 내에서도 가격이 더 많이 오를 아파트에 투자하는 것이 목적이기 때문에 관심 지역을 찾았다면 그 지역을 조금 더 세부적으로 조사해야 한다. 이 것을 '지역 분석'이라고도 한다.

앞서 공급에 대해 알아봤다면 이번 장에서는 수요에 대해 알아보는 것이다. 왜 이 지역에 사람들이 많이 살고 있고 집값이 비싼지 그 이유를 알아보는 것이다. 그 이유는 여러 요소가 있는데 대표적으로 5가지로 볼 수 있다. ① 일자리 ② 교통 ③ 학교 ④ 편의시설 ⑤ 자연환경이 그 지역의 수요를 만들고 있다. 이 5가지의 장점들을 모두 갖추고 있다면 가장 좋은 아파트이다. 가장 좋다는 것은 가장 비싼 아파트이고 대장 아파트라고 부른다. 왜 가장 비쌀까? 사람들이 많이 찾기 때문에 비싼 것이다. 관심 있는 지역이 있다면 네이버 부동산이나 인터넷 정보 사이트를 활용하여 그 지역에 가장 비싼 아파트, 즉 대장 아파트를 검색해보자. 그리고 아파트 주변이 일자리가 있고, 교통이 있고, 학교와 편의시설이 잘되어 있는지 확인하자.

'부동산 지인'이라는 사이트를 통해 공급량이 적어지는 관심 있는 지역을 찾았다면 그 지역을 조금 더 세분화한 '지역 분석'을 통해 더 좋은 물건을 선택할 줄 아는 눈을 기르는 것이 중요하다. 똑같은 금액의 아파트가 있다면 이 5가지 항목을 최대한 많이 품고 있는 것을 고르는 것이 좋은 것이다. 이 지역 분석은 꼭 주거용 부동산뿐만 아니라 상가 입지 분석에도 적용이 된다.

1. 일자리

우리는 집을 구할 때 가장 중요한 첫 번째는 바로 일자리다. 근처에 영화관, 병원이 있고 공원이 있는 것도 중요하지만 가장 중요한 것은 집에서부터 일자리까지 거리가 너무 멀면 안 된다는 것이다. 우리는 매일 직장에 출·퇴근을 하기 때문이다. 그것도 아주 오랜 기간 말이다. 일하기 위해 직장으로 출·퇴근을 하는 것은 대부분의 사람에게 벗어나기 힘든 운명과 같다. 그래서 우리 삶과 가장 밀접한 일자리 주변에 사람들이 모여드는 것이다. 일자리 중에서도 큰 기업, 고소득 일자리와 가까울수록 사람들은 모여들고 덩달아 집값은 높아진다.

서울에서 가장 집값이 비싼 지역은 어디일까? 바로 '강남'이다. 강남이 가장 집값이 높은 이유는 직장이 가장 많이 모여 있어 사람들이 그 주변으로 모이다 보니 그렇게 된 것이다. 그래서 서울의 강남뿐만 아니라 부산, 대전, 대구 등 지역마다 일자리가 밀집되어 있는 곳이 사람들의 수요가 가장 높고 집값이 가장 비싸다. 판교, 마곡의 집값이 엄청나게 오른 이유도 바로 그 지역에 일자리가 생겨났고 밀집되어 있기 때문에 그 주위에 거주민이 생기면서 가격이 오른 것이다.

2. 교통

　두 번째는 바로 교통이다. 교통 중에서도 단연 지하철이 1순위이다. 교통은 내가 단순히 어디 여행을 가거나 개인적인 볼 일을 보기 위한 교통이 아니다. 이 교통도 결국 일자리가 모인 곳과 관계가 있다. 우리가 일자리 근처에 살 수 없다면 조금 멀어지더라도 최대한 일자리까지 빠르게 오고 갈 수 있는 곳일수록 집값은 높아진다. 만약 일자리와 집까지 걸리는 시간이 왕복 4시간 이상이라면 시간과 에너지를 너무 낭비하는 것이 아닐까?

　'역세권'이라는 말이 있듯이 부동산 투자에 있어 교통망이 부동산 가격에 큰 영향을 주는 것은 누구나 알고 있을 것이다. 그런데 그 교통망은 서울을 예로 들면 일자리가 밀집되어 있는 강남으로 얼마나 빨리 갈 수 있는가에 따라 가격이 차이가 난다. 물리적인 거리보다 시간적인 거리가 더 중요하다. A지역은 강남까지 직선거리가 멀지 않은 편이지만 2번 이상 지하철을 환승하다 보니 집에서 강남까지 1시간 이상이 소요된다. B지역은 A지역보다 강남과의 거리는 멀지만, 지하철을 갈아타지 않고 '한번에 강남까지 40분 안에 도착한다.'라고 한다면 A와 B 중에 어디 지역의 집값이 높을까? 인천 지하철 라인의 아파트 가격과 신분당선 라인의 아파트 가격을 비교해보면 답이 나올 것이다. 직장까지 얼마나 빠르게, 그리고 이왕이면 한 번에 가는 것이 부동산의 가격을 좌우한다.

3. 학군

세 번째는 학군이다. 어릴 때부터 학업 환경이 굉장히 중요하다. 자녀를 키우는 부모 입장에서는 집 주변에 유흥가나 공동묘지가 있는 집을 선호하지 않을 것이다. '초품아'라는 단어를 한 번쯤 들어봤을 것이다. 초등학교를 품은 아파트의 줄임말로 아파트 단지 내에 초등학교가 존재하는 곳이다. 아무래도 아동을 대상으로 하는 범죄나, 등하교 시 교통사고 등이 빈번하기에 자녀들의 안전한 등하교를 원하는 분들이 늘어나면서 생긴 단어이다. 실제로 서로 붙어 있는 아파트 단지라고 해도 초등학교를 품고 있는가, 아닌가로 가격 차이는 크다.

초등학교를 꼭 품고 있지 않더라도 초등학교와 가까울수록 해당 아파트는 높은 평가를 받는다. 주로 자녀를 키우는 어머니들이 집과 학교와의 거리를 굉장히 중요시하고 이러한 것들이 당연히 집 가격에 반영이 된다. 이렇듯 '초품아'에 대한 선호도가 올라가면 해당 지역에 대한 인구가 모이면서 학원가까지 생기게 된다. 그렇게 그 지역은 점차 학군이 좋아지며 결국 가격도 오르는 것이다.

4. 편의시설

네 번째는 집 주변에 편의시설의 유무이다. 편의시설에는 영화관, 종합병원, 백화점, 대형 마트, 카페, 재래시장, 도서관 등이 있다. 대부분의 사람은 생활 반경 내에서 일상에 필요한 것을 해결하려는 경향이 있다. 실제로 집을 구할 때 이러한 편의시설이 잘 갖춰져 있는지 눈여겨보는 사람들도 많다. '슬리퍼 상권'이라는 말이 있다. 20~30세대 위주로 사용하는 단어인데 말 그대로 집에서 슬리퍼를 신고 나갈 만큼 가까운 거리에서 영화, 카페, 독서, 쇼핑 등 문화생활을 즐길 수 있는 상권을 말한다. 코로나19의 확산으로 대외적인 활동을 피하고 가까운 집 앞에서 간단한 문화생활을 하려는 사람들이 늘어나면서 주변에 편의시설이 잘 갖춰진 아파트들이 인기이다. 집 근처에 영화관이 있다면 너무 좋지 않을까? 그런 집들은 실제로 가격이 잘 내려가지 않는다.

5. 자연환경

다섯 번째는 '주변에 자연환경이 잘 갖춰져 있는가?'이다. 대표적으로 한강뷰, 천, 공원, 뒷산, 숲세권, 바다뷰, 광안대교뷰 등이 있겠다. 이런 것들이 이제는 집 가격의 긍정적인 영향을 준다. 예전에 내가 살았던 집이자 이제는 본가가 된 집은 한강뷰는 아니었지만, 뚝섬유원지까지 5분 거리로 강아지를 데리고 자주 산책을 했다. 지금도 본가에 가면 강아지를 데리고 한강으로 꼭 산책하러 나간다. 한강변을 걸으면서 즐비한 아파트를 보며 '나도 저기서 한강뷰를 보면서 살고 싶다.'라는 생각을 하는데 이렇게 집 근처에 공원이 있다면 안 하던 운동도 하게 되고 가끔 자연을 느끼는 자체로 기분이 좋아진다.

지금까지 5가지의 수요를 알아봤다. 이 5가지 중에 해당이 많이 될수록 그 아파트는 좋은 아파트다. 인터넷을 활용해서 원주, 천안, 아산, 전주 등 어디 지역이 됐든 그 지역에 가장 비싼 아파트를 검색해보자. 제일 비싼 아파트가 그 지역 대장 아파트다. 아마 이 5가지를 가장 많이 품고 있을 것이다. 그리고 이 아파트의 시세가 어떻게 흘러가는지 체크를 하자.

　　'판교 동생 광교'라는 말이 있다. 판교 집값이 상승하자 광교 집값도 오른 사례이다. 이것을 '키 맞춤'이라고도 하는데 대장 아파트가 가격이 오르면 그 주변 2군, 3군의 아파트들도 덩달아 오를 가능성이 높고 '갭을 메운다.'라고도 한다. 이러한 힌트들과 공급량을 체크해서 일반 매매도 좋고 경매도 좋으니 한 번 해보라. 그 지역을 갔을 때 향후 흐름이 괜찮다는 판단이 들면 프리미엄이 붙은 분양권을 사는 것도 좋은 방법이다. 이제는 한 가지 매입 방법보다는 여러 가지 매입 방법의 다변화로 투자를 하는 것이 좋다. 내가 원하는 지역에 경매 매물이 나왔다면 경매로, 경매가 패찰이 되면 일반 매매라도 사겠다는 계획, 분양권 매매 등 본인이 매입 방법의 여러 가지 툴을 지니고 있다면 큰 경쟁력이 될 수 있다.

246

Real Estate Auction

5장

돈이 없을수록
소액 경매를 하라

Real Estate Auction

부동산이 나 대신 일하게 하라

진정 소중한 자유는 단 하나, 경제적인 자유가 바로 그것이다.
－윌리엄 서머셋 모옴－

누구나 자신이 원하는 일을 하면서 사랑하는 가족들과 함께 여유롭고 풍요로운 행복한 삶을 살기를 바란다. 그래서 경제적으로 넉넉한 부자를 꿈꾼다. 돈은 우리가 추구하는 삶을 살아가는 데 정말 중요한 역할을 하기 때문이다. 그러나 그 꿈을 이루는 사람은 극히 드물다.

나 역시 사랑하는 가족들과 함께 해외여행을 떠나 좋은 추억을 만들어주고 싶었다. 가격에 대한 고민 없이 가족들에게 쇼핑을 시켜주고 싶었고, 아무리 값비싼 음식이라도 돈에 구애받지 않고 뭐든지 사줄 수 있는 그런 남편과 아들이 되고 싶었지만, 현실은 녹록지 않았다.

나는 가장이 되면서 경제적으로 여유를 갖추고 사랑하는 가족들과 좋은 추억을 만들며 행복한 인생을 살았으면 좋겠다는 생각이 머릿속을 떠나지 않았다. 그런 생각이 돈을 많이 벌고 나아가 내가 일하지 않아도 돈이 들어오는 방법에 대해 고민을 하는 계기가 되었다. 또 이런 고민으로 단순히 부동산을 운영하면서 중개업무만 했던 나는 비교적 저렴하게 부동산을 살 수 있는 경매를 통해 월세가 들어오는 부동산을 사야겠다고 마음먹게 되었다.

누구나 '경제적 자유'를 꿈꾼다. 즉 부자가 되어 돈과 시간에 얽매이지 않는 삶을 살기 원하는 것이다. 이와 같은 자유를 누리기 위해서는 일을 하지 않아도 돈이 들어오는 현금 흐름을 구축하는 것이 중요하다. 제로 금리 시대에 은행의 예금이나 적금은 우리의 삶을 풍요롭게 만들어줄 수 없다. 주식의 배당금도 거액을 예치하고 있지 않은 이상 큰 현금 흐름을 만들기 어렵다. 그래서 나는 큰돈이 없어도 시작할 수 있고 소액으로도 안전하고 자신이 노력한 만큼의 대가가 따르는 부동산 투자를 선택하게 되었다. 일하지 않아도 매달 100만 원의 월세 수익이 들어오게 하는 것이 첫 번째 목표였고 온전히 이것에 집중했다. 나아가 원룸 중개를 하면서 꼭 이루고 싶었던 다가구 건물주가 되겠다고 다짐했다.

지금은 바야흐로 부동산 전성시대이다. 가족과 친구, 어딜 가나 누구를 만나던 부동산 이야기가 빠지지 않는다. 부동산에 대해 모르면 대화

소액 경매 투자의 정석

에 낄 수가 없는 시대가 되었다. 내가 부동산을 처음 시작했던 2016년부터 부동산 가격은 급격하게 올라갔다. 수도권과 역세권 아파트, 각 지방의 아파트 등 이 기회를 잡을 사람들이 많지만, 기회를 놓친 사람들, 또는 이제 막 사회생활을 시작해서 기회조차 없었던 사람들에게는 허탈함을 남기기도 한다. 이미 부동산이 많이 오르기도 했고, 직장에서 내가 버는 근로소득보다 부동산이 오르는 가격이 더 빠르기 때문이다.

이러한 이유가 부동산 투자를 해야 하는 이유라고 생각한다. 앞서 지금까지 부동산의 흐름이 그 이유를 보여준다. 아파트로 1~2억 번 사례들은 쉽게 볼 수 있다. 괜찮은 아파트를 소유한다면 그 아파트는 시간을 먹고 자라서 더 큰 자산으로 본인의 경제력 보탬이 될 것이다. 지금이라도 늦지 않았다. 소액으로도 가능한 부동산 투자를 활용해서 나를 대신해서 일해주는 부동산을 만들어야 한다. 이것이 경제적 자유를 위한 첫걸음이다.

작은 돈이라도 불릴 방법을 고민하고 실행하라

많은 사람들이 부동산 투자를 하려면 큰 목돈이 있어야 가능하다고 생각한다. 그리고 소액으로는 제대로 된 수익을 거두기 힘들다고 생각하는 사람들이 많다. 물론 물건의 종류와 금액에 따라 다르겠지만 잘 찾아보면 소액으로도 투자할 수 있고 나름 괜찮은 수익을 얻을 수 있는 부동산이 생각보다 많다.

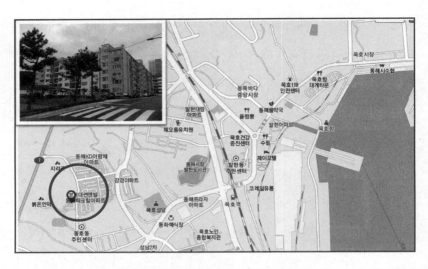

강원도 동해시 아파트 감정가 3,400만 원	
2019. 06. 03.	1,669만 원에 낙찰
2019. 07. 12.	대금 납부
2019. 08. 08.	배당 기일
2019. 08. 27.	2,900만 원에 매매 계약
낙찰 후 약 3개월 만에 1,200만 원 차익 실현	

　강원도 동해시에 위치한 아파트 사례이다. 감정가가 3,400만 원이지만, 1,669만 원에 낙찰을 받았다. 권리분석 상 아무 하자가 없었던 물건이었다. 비록 낡은 아파트이지만 1,000만 원대로 아파트를 살 수 있는 것이 경매의 매력이기도 하다. 아마 이 가격에 아파트를 살 수 있는지 모르는 사람들이 많을 것이다. 더 놀라운 것은 전용 15평으로 방 3개 화장실 2개 구조이다. 세입자분은 할머니였지만 보증금을 배당받는 분이었

소액 경매 투자의 정석

고 할머니의 사위와 대화를 통해 수월하게 명도를 진행할 수 있었다. 집 안에 잡동사니들은 꽤 있었다. 낙찰자는 도배, 수리 없이 '교차로' 신문을 통해 '바다가 보이는 전망이 좋은 아파트 3,200만 원'이라고 광고를 올렸다. 한 달 정도 지났을 무렵 연락이 왔다.

1일 차

손님: "안녕하세요. 저 아파트 좀 구경해도 될까요?"

낙찰자: "네 가능합니다."

2일 차

손님: "집을 봤는데 싸게 안 될까요?"

낙찰자: "그럼 잡동사니를 직접 처리해주시고 2,900만 원에 계약하시죠."

3일 차

손님: "계약서 쓰시죠."

5일 차

손님: "잔금 입금했습니다."

그렇게 6월 3일에 낙찰을 받고 잔금을 치르고 약 한 달 만에 1,200만 원의 차익을 거두면서 매도까지 할 수 있었다. 이런 물건들은 생각보다 많다. 이렇게 2,000만 원이 안 되는 소액으로도 부동산 경매 투자가 가능하다. 대출 레버리지나 세입자의 보증금을 활용해도 소액 투자가 가능하다.

또 다른 사례로는 인천광역시 만수동에 있는 빌라를 5,000만 원에 낙찰을 받았다. 4,000만 원 대출을 받고 보증금 300만 원에 월세 30만 원으로 계약하면서 실투자금은 700만 원, 매달 월세는 이자를 공제하고 20만 원이 남았다. 꼭 큰 목돈이 필요하다거나 소액으로는 투자하기도 힘들고 수익을 내기도 힘들다는 편견을 버리자. 소액으로도 충분히 투자할 수 있다는 긍정적인 생각과 자신감을 가져야 한다. 처음부터 크게 시작하는 사람들은 드물다. 기존 부자들 중에도 작은 것부터 시작한 사람들이 많고 이런 작은 결과들이 모여 큰 결과물을 만들어내는 것이다.

자신이 생각하기에 따라 인생을 바꿀 수 있다

다른 사람들의 멋진 성공 이야기를 접할 때면 자신도 그 주인공이 될 수 있을 거라는 기대로 가슴이 두근거렸던 경험이 있을 것이다. 하지만 그 순간이 지나고 일상으로 돌아왔을 때 어제와 변함없는 오늘이 반복되다 보면 성공은 역시나 남의 일이라는 생각을 하게 된다. 지금의 삶이 만족스럽지 못하다면, 다른 삶을 살고 싶다면 분명 변화가 필요할 때이다. 그러나 그 변화는 가만히 기다리고 있다고 해서 결코 저절로 이루어지지 않는다. 스스로 깨닫고, 실천하지 않으면 원하는 방향으로의 변화는 있을 수 없다.

경매를 통해 경제적으로 자유로운 삶을 살고 싶은가? 그렇다면 너무 고민하지 말고 한 발짝 시작부터 하기 바란다. 빨리 시작하라는 말은 젊은 나이에 시작하라는 의미가 아니다. 깨달았을 때 바로 실천하라는 뜻이다. "나는 직장 생활을 하느라 바빠.", "나는 부동산도 모르고 종잣돈도 없어."라고 말하는 사람들이 있지만 종잣돈이 당장 없다고 해도 종잣돈을 모으면서 경매에 대한 지식을 쌓는 것만으로도 미래에 대한 투자이다. 시작하지 못하는 핑계들이 앞서 떠오른다면 아직 절실함이 부족한 것일 수도 있다. 정말 절실하게 원한다면 생각을 바꾸고, 장애물로 여기는 여러 여건을 조금씩 변화시켜 나가야 한다. 어디로, 어떻게 첫발을 내디뎌야 할지 고민해보고, 그래도 모르겠다면 어디로든 일단 한 발을 옮겨보자. 그렇게 시작하게 되면 자기만의 길을 찾을 수 있을 것이다.

나 대신 일해줄 부동산을 갖는다는 것은 경제적 자유를 이루는 첫걸음이다. 부동산은 나의 분신이기도 하다. 내가 직장에서 근무하며 노동소득을 벌 때, 나의 분신도 나를 위해 일을 하며 돈을 벌어준다. 내가 여행을 가고 잠을 자고 있는 동안에도 묵묵히 그 자리에서 아주 성실하게 말이다.

경매를 통해 경제적 자유를 이루고 싶은가? 그렇다면 부자가 되고 싶은 동기를 가슴 깊이 새기길 바란다. 내가 경제적 자유를 누리고 싶은 동기는 바로 '가족'이다. 부모님께, 아내에게, 그리고 미래의 나의 아이들에게 행복한 인생을 즐기게 하고 싶었다. 할 수 있다는 자기 자신을 믿고 구체적인 계획을 세워서 이것을 말로 내뱉자. 혼자 차 안에서도 나의 계획을 말하고 소리도 질러보고 진한 눈물도 흘려보자. 유재석의 '말하는 대로'라는 노래가 있다. 아침 5시에 일어나 이 노래를 들으며 하루를 시작했다. 예전에는 그냥 지나치던 말들이 언제부턴가 눈에 보이기 시작했고 그 말을 믿기 시작했다. "말하는 대로 이루어진다." "생각대로 T." "꿈은 이루어진다." 이 말들은 정말 사실이었다. 본인의 꿈이 이루어질 것을 굳게 믿고 앞으로 나가다가 문득 뒤를 돌아보면 많은 것이 변화되었음을 느낄 것이다.

02

경매, 하루라도 빨리 시작하라

가난한 사람들과 중산층 사람들은 돈을 위해 일한다.
하지만 부자들은 돈이 자신을 위해 일하게 만든다.
부자는 절대 돈을 위해 일하지 않는다.
―로버트 기요사키―

정부의 6·17 부동산 대책에 연이어 강도 높은 7·10 부동산 대책이 나오는데도 불구하고 부동산의 가격은 계속 올라가고 있다. 특히 수도권 아파트 가격의 경우에는 규제 전보다 더더욱 가격 오름세가 심해졌다. 서울의 아파트 가격은 10주 연속 상승세이기도 하다. 뉴스 기사를 빌리자면 서울 같은 경우에는 이제는 서민들이 살 수 있는 저렴한 아파트가 자취를 감추고 있다는 말이다.

저가의 소형 아파트는 주로 서울 외곽인 노원, 도봉, 강북구나 금천, 관악, 구로구 등에 몰려 있다. 서울 도심으로 출퇴근하기에는 교통이 불편하고 지은 지 30년이 넘어 낡고 비좁은 아파트가 대부분이지만, 이마

저도 가격이 껑충 뛰어 서민들의 내 집 마련이 점점 어려워지고 있다고 한다.

준공 30년 된 도봉구 창동 주공2단지 36.1㎡(11평)는 2020년 7월에 4억 1천만 원에 거래되며 5월에 3억 5천만 원에 거래된 이후 한 달 보름여 만에 6천만 원이 올랐다. 1987년 준공한 노원구 상계동 상계주공 5차 31.9 ㎡(10평)는 7·10 부동산 대책이 있던 다음 날 6억 6천만 원에 실거래 신고가 이뤄져 지난달 5억 5천만 원에 거래된 뒤 한 달여 만에 1억 원 넘게 값이 뛰었다고 한다.

이렇게 각종 부동산 대책에도 불구하고 수도권 아파트의 가격 상승은 멈출 줄 모른다. 나는 여기서 점점 더 오르는 부동산을 남의 일로만 생각하지 않고 "하루 빨리 투자를 하는 것이 정답이다."라는 말을 하고 싶다. 일반적인 직장에서 벌어들이는 '근로소득'을 저축만 하는 사람들에게 이런 뉴스 기사들은 그다지 반가운 기사가 아니다. 아직 내 집 마련을 하지 못한 사람들에게는 점점 더 멀어지는 내 집 마련의 현실의 불안감을 초래할 뿐이다. 내가 말하고자 하는 것은 당장 서울 아파트에 투자하자는 것이 아니다. 좁쌀부터 굴리지만 큰 눈덩이가 될 수 있다는 마음으로 투자를 시작하자는 것이다. 종잣돈이 없다면 종잣돈을 만들면서 투자 공부를 시작하면 되는 것이고, 종잣돈이 있으면 성공하는 투자를 위해 공부를 철저히 해서 투자를 하면 되는 것이다.

소액 경매 투자의 정석

시세 조사가 성공 투자를 좌우한다

경매를 시작하기에 앞서 경매를 하는 목적부터 뚜렷해야 한다. 내 집 마련을 위한 것인지, 단기 매도를 통해 시세 차익을 내는 것이 목적인지, 월세 수익을 받는 현금 흐름을 구축하려는 것인지 말이다. 내 집 마련이 목적이라면 예산에 맞춰서 내가 살고 싶은 집이 단연 1순위일 것이다. 시세 차익을 위한 경매는 내가 사는 것보다 되팔 수 있는 가격을 알아내서 그보다 더 낮은 금액에 낙찰을 받는 것이 중요하다. 되파는 것을 출구 전략이라고 하는데 모든 부동산은 출구 전략을 생각해둬야 한다. 부동산이란 것이 환급성이 떨어진다고는 하지만 시세보다 싸게 내놓으면 금방 팔수 있는 것이 부동산이다. 부동산은 사정상 팔아야 하는 일이 생길 수 있다. 그래서 시세 조사를 할 때 평균 시세보다 금방 팔릴 수 있는, 즉 급매 가격을 도출해야만 한다. 그 급매 가격을 도출하고 그 금액과 본인이 생각하는 어느 정도의 이익을 고려해서 그만큼 낮게 입찰을 해야 한다. 시세 조사가 부족해서 후회를 하는 경우를 많이 본다. 나 또한 시세 조사를 부족하게 한 탓에 마음고생을 한 경험이 있다.

경매의 장점은 처음에 살 때부터 이익을 보고, 월세 수익으로 현금 흐름을 만들고 나중에 훗날 팔았을 때 매도 차익을 실현시키면서 총 3번의 이익을 창출할 수 있다는 것이다. 그러나 시세에 낙찰을 받거나 그 이상의 가격으로 낙찰을 받으면 나중에 본인이 그 부동산을 팔려고 할 때 팔

지도 못하고 보유해야 하는 기간이 길어질 수 있다. 대부분의 사람은 손해를 보고 팔려고 하지 않기 때문이다. 처음부터 아무것도 남지 않은 가격으로 자기 부동산을 내놓고 싶은 사람은 없을 것이다. 아무래도 본인이 산 금액보다 조금이라도 높게 내놓고 싶을 것이다. 그렇게 되면 어떻게 될까? 시세가 오르지 않았다면 잘 안 팔릴 것이다. 그래도 포기하지 않고 기다려보다가 결국 매년 내야 하는 재산세와 관리하는 데 크게 이득이 되는 부분보다 스트레스가 더 클 때 비로소 체념하는 단계가 온다. 그때서야 가지고 있는 부동산이 애물단지라고 여기고 가지고 있는 것이 손해라고 판단하여 이득을 보는 것 없이 매물로 내놓는 경우가 많다.

부동산을 살 때는 좋았지만 보유하면서 고생과 금전적인 손해를 보게 된다. 그리고 가장 중요한 것! 바로 투자의 대한 자신감을 잃을 수 있다. 그렇기 때문에 부동산을 사는 목적이 내 집 마련이든, 시세 차익이든, 월세 수익용이든 급매로 팔 수 있는 금액을 알아보는 것은 중요하지만, 특히 시세 차익용 부동산은 되파는 출구 전략이 중요하니 더 자세한 시세와 급매 가격에 대한 조사가 필요하다.

나도 처음 경기도 안성의 아파트를 경매로 낙찰받았을 때 시세 파악을 꼼꼼히 하지 않아서 마음고생을 한 적이 있다. 부동산을 3년 차 운영하고 있었던 때인데도 네이버 부동산에 올라온 최저가 매물 가격을 확인한 다음 그 가격보다 낮게 입찰하면 되겠다는 마음으로 입찰을 했다. 그 당시 아파트의 매물은 7,500~8,500만 원까지 있었다. 그래서 나는 7,000만 원에 입찰하려다가 사람이 많아서 조급함에 7,100만 원을 쓰고 낙찰을 받았다. 그런데 부동산에 가서 확인해보니 최저가 매물 가격으로도 임대가 잘 나가지 않는다는 것이었다. 네이버 부동산에 올라온 최저 가격보다 200~300만 원은 저렴하게 내놓아야 겨우 팔릴 수 있었다. 단기 매도로 종잣돈을 늘리려고 했는데 수리한 뒤 되판다고 하면 남는 것이 없는 상황이었다. 그렇게 낙찰을 받고도 후회했던 사례이다. 그때 정확한 시세 조사의 중요성을 알게 되었다. 1년이 지나 그 아파트는 약 2,000만 원이 올라 1억 원이 됐지만 말이다.

당장 종잣돈이 없어도 부동산 시세 파악부터 하는 연습을 해두는 것이 좋다. 부동산 투자에서 가장 중요한 것은 단연 부동산을 싸게 사야 한다는 것이다. 싸게 사기 위해 시세 조사를 하는 것이 부동산 투자에서 가장 중요하다는 것을 지금까지 직접 여러 건의 부동산 투자를 하면서 깨달은 진리다. 시세 조사만 명확히 한다면 절대 실패하는 투자를 하지 않는다. 그렇지만 주위를 보면 시세 조사를 대충해서 후회하는 사례를 자주 보게 된다. 초보 투자자뿐만 아니라 중수, 고수분들도 가끔 실수하는 부분이 이 부분이다. 종잣돈이 생겼을 때 기본적인 공부를 해서 준비한 자만이 바로 성공적인 투자를 할 수 있다. 나 같은 경우는 바로 실행하고 돌진하면서 시행착오를 겪으며 성장한 경우이다. 하지만 이 글을 읽는 독자 분들은 철저한 공부를 통해 나 같은 시행착오를 하지 않길 바란다.

실행하라, 그러면 실패든, 성공이든 뭐라도 배우고 경험할 수 있다

나는 다른 것은 몰라도 실행력 하나는 자신이 있다. 어릴 때부터 호기심과 모험심이 많아서 그런지 해야겠다고 생각이 들면 바로 실행하는 스타일이었다. 경매 같은 경우에도 '이거 해야겠다.'라는 생각이 들었을 때 바로 물건을 보고 입찰하기까지 기간은 1주일 정도 걸렸던 거 같다. 먼저 지르고 그다음부터 생각하는 경우가 많다. 그러다 보니 안 좋은 결과도 있었지만 좋은 결과도 있었다. 부동산 투자를 빨리 시작함으로써 매 순간 시행착오를 겪었지만 그런 경험이 쌓여서 부동산을 보는 눈을 키워갈 수 있었다. 자전거를 글로만 배울 수 없지 않은가? 직접 타면서 넘어지고 다시 일어나봐야지 결국 앞바퀴까지 들면서 온갖 기교를 부리며 탈 수 있게 되는 것이라고 생각한다.

나의 실행력은 어머니를 닮은 거 같다. 어머니는 내가 태어나기 전부터 옷가게를 시작으로 커피숍, 단란주점, BAR, 부침개 전문점, 노래방을 직접 운영하면서 많은 고생을 하셨다. 몇억 권리금을 줘야 하는 메인 입지는 아니었다. 권리금이 없거나, 소액인 곳에서 자영업을 하시다 보니 많은 고생을 하실 수밖에 없었다. 어릴 때부터 어머니의 일을 자주 도와드리려고 노력하면서도 어머니가 고생하는 것이 너무 싫었다. 그래서 어머니께 제발 자영업은 그만하자고 자주 말했다. 어머니는 쉬는 날 없이 매일 일하시고 너무 고생을 많이 하셨다. 그렇게 힘들게 버신 돈을 나에게 아낌없이 지원해주셨다. 힘든 환경 속에서도 나에게 항상 좋은 옷, 좋은 음식을 해주셨다. 나는 어릴 때부터 자린고비가 되어 "나에게 옷 사주지 말고 비싼 음식도 해주지 마라"고 해도 어머니는 항상 나에게 최고로만 해주시려 했다. 심지어 내 친구들까지 다 챙겨주시는 어머니였다.

어머니는 뭘 해야겠다 하시면 바로 실행에 옮기시는 스타일이셨다. 어머니가 1층에서 부침개 전문점을 할 때 '손님들이 술을 드시면 보통 2차도 자주 가기 때문에 바로 지하에 노래방을 하면 좋겠다.'라고 생각하시더니 결국 지하에 노래방까지 운영하셨다. 나는 대학교에 다니면서 노래방 카운터를 보기도 했다. 항상 생각보다 시도를 하려 하고 실행력도 빠르시던 어머니의 피를 물려받은 것 같아서 감사한 마음이 든다.

내가 간절히 부자가 되고 싶었던 동기는 바로 '가족'이었다. 지금까지 고생만 하며 나를 키워주신 사랑하는 부모님, 사랑하는 나의 아내와 사랑하는 아내를 낳아주시고 길러주신 장인어른과 장모님에게 더 멋진 인생을 선물하고 싶었다. 부자가 되기 위해 부동산 투자를 잘 활용하면 당신도 부를 쌓을 수 있을 것이다. 이것이 빠른 결과를 낳기는 어렵다. 그러나 3년 동안의 목표를 가지고 1년에 월세 100만 원씩 내가 일하지 않아도 돈이 들어오는 현금 흐름을 만들겠다고 다짐하면 된다. 그것에 집중하다 보면 방법을 찾게 되고 실행을 하게 되면서 이룰 수 있게 된다. 그렇게 2년 차에도 월 100만 원의 현금 흐름을 만들고, 3년 차에도 100만 원을 만들다 보면 월 300만 원씩 받는 날이 올 것이다. 그러면 어느 정도 경제적 자유를 누리게 될 텐데 이때부터 더 탄력을 받아서 빠르게 부를 축적할 수 있게 될 것이다. 경매의 필요성을 알게 됐다면 일단 먼저 시작하자. 당장 입찰을 하지 못하더라도 경매의 관련된 서적이나 칼럼, 낙찰 사례를 통해 내 것으로 만드는 연습을 하자. 나는 그런 준비 없이 시작하다 보니 많은 시행착오를 겪기도 했다. 여러분은 시행착오 없이 철저한 준비를 통해 그중에서 가장 중요한 시세 조사를 중점적으로 익히고 성공 투자를 하기 바란다. 좁쌀을 굴려서 시작하지만 큰 눈덩이로 만들어서 진정 내가 원하는 집에 살겠다는 목표를 가지고 그 목표를 믿고 실행하기 바란다.

03

나는 경매 투자로
매달 월급을 한 번 더 받는다

> 우리는 가지고 있는 15가지 재능으로 칭찬받으려 하기보다,
> 가지지도 않은 한 가지 재능으로 돋보이려 안달한다.
> ─마크 트웨인─

나는 나름대로 열심히 산다고 생각하면서 살고 있었지만, 금전적으로 미래에 대한 불안함은 점점 커져갔다. 결혼을 앞두고 책임지고 지켜야 할 것들이 많아졌기 때문이다. 그렇게 잠 못 드는 날이 많아지면서 부자가 되고 싶은 마음이 간절하다 보니 경매라는 것을 알게 되었다. 경매의 큰 장점 중 하나는 소액으로 투자가 가능하다는 점이다. 그렇게 경매를 알게 되면서 미래에 대한 희망이 보이는 것 같았고 경매를 시작하면서 돈을 버는 것도 중요하지만 가슴속에서 끓어오르는 열정과 설렘을 느껴서 좋았다. 그러다 보니 삶의 활력이 생기고 경매에 집중할 수 있게 되었다.

삶의 목표가 생기면 누구든지 열정적으로 움직일 수 있다고 생각한다. 나는 처음부터 큰 욕심을 부리지 않았다. 과도한 목표는 오히려 금방 포기할 가능성이 높기 때문이다. 목표는 내가 이룰 수 있어야 하고 구체적으로 상상할 수 있는 목표여야 한다. '나는 몇 년 안에 몇백 억 부자가 될 꺼야!'라는 목표는 구체적이지도 않고 확신을 하기도 어려워서 금방 열정이 식고 마음속에서 사라질 수 있다. 그렇지만 무일푼에서 1년 이내에 월세 현금 흐름 100만 원 만들기는 마음만 먹으면 누구나 할 수 있다고 생각했다. 이미 인터넷 재테크 카페들을 보면 종잣돈 모으는 방법부터 1년 안에 월세 100만 원 만드는 사례들을 쉽게 볼 수 있기 때문이다.

그래서 나는 일단 3년 동안의 목표를 설정하고 1년에 월세 현금 흐름 100만 원을 만드는 단기적 목표와 3년 후에 월 300만 원을 만드는 중장기적 목표를 세웠고 장기적으로는 5년 이내에 월 1,000만 원을 만들어서 경제적 자유를 이루겠다는 목표를 세웠다. 월 300만 원 정도 월세 현금 흐름이 들어온다면 그때부터 수익이 일정하게 오르는 것이 아니라 탄력을 받아서 4년 차에는 월 500만 원을 벌어들일 수 있고, 5년 차에는 1,000만 원을 벌 수 있다는 것을 알기 때문이다.

원래 처음 종잣돈 3,000만 원을 만드는 것이 가장 어렵지 3,000만 원에서 6,000만 원을 만드는 것은 처음 종잣돈 3,000만 원을 만드는 것보다 수월하고 6,000만 원에서 1억을 만드는 것은 더 수월하다는 맥락과 같다.

소액 경매 투자의 정석

현재는 비록 지방이지만 꿈에 그리던 9세대 원룸과 6세대 미만이 투룸으로 구성된 총 15세대가 거주하고 있는 다가구를 경매로 낙찰받고 임대업을 하고 있다. 다가구 매입 당시 나는 3주택자였기 때문에 4주택자부터는 취득세가 4%대가 나오는 상황이었다. 그래서 취득세 중과도 피하고 계속 투자도 할 겸 셀프로 법인을 만들어서 1%대의 세금을 내기도 했다. 부동산 대책으로 인해 바뀐 취득세율에 비하면 4.6%는 낮은 세율이지만 그래도 역시 세금은 너무 아깝다. 경매를 본격적으로 시작한 지 2년 만에 다가구를 낙찰받았고 월세 현금 흐름 200만 원 이상을 만들면서 1년에 월 100만 원의 현금 흐름을 만들겠다는 목표를 이루었다. 아직도 나는 경제적 자유를 향해 투자를 이어가며 달려가는 중이다. 월 1,000만 원의 현금 흐름을 향해 말이다.

경매를 배우기 위해 경매 회사에 입사하다

나는 처음부터 다가구를 계획하지는 않았다. 아무리 경매로 싸게 살 수 있고 대출을 80% 받을 수 있다고 해도 그만한 종잣돈이 없었기 때문이다. 그냥 조금씩 종잣돈을 만들 때마다 투자 금액이 최대한 많이 묶이지 않는 선에서 빌라, 오피스텔 위주로 월세 현금 흐름을 만드는 것이 계획이었다. 이 방법이 가장 고전적인 방법이면서 가장 무난하고 위험을 가장 줄일 수 있는 방법이기 때문에 투자자들이 쉽게 접근하고 시도하는 방법이다.

2번의 경매 낙찰을 경험하고 난 뒤 나는 조금 더 전문적으로 경매를 배우고 싶다는 생각이 들었다. 특수 물건이라고 불리는 유치권, 법정지상권, 대지권미등기, 선순위임차인 같은 물건들을 처리하는 방법과 전문가들은 도대체 어떻게 경매 포트폴리오를 구성하는지 알고 싶었다. 그런데 학원에 다니기보다는 그 학원에 직원으로 들어가야겠다고 생각을 했다. 뭐든지 어느 한 분야의 전문가가 되려면 그 전문가가 모여 있는 집단에 들어가는 것이 가장 빠른 길이라는 것을 알고 있었기 때문이다. 경매를 배울 수 있는 곳은 정말 많다. 유튜브로 경매만 검색해도 여러 전문가들이 나온다. 그중에서 당시 내가 유튜브로 시간 날 때마다 영상으로 보던 경매 강사가 있었는데 그분에게 직접 전화해서 나도 직원이 되어 일하면서 배우고 싶다고 말했다. 근데 그 무리에 들어가려면 550만 원의 고가의 수업료를 내고 수강생으로 시작해야 했다. 강사 본인도 그렇게 수강생으로 시작해서 강의를 하게 된 것이다. 그 시스템에 대해 당연하다고 생각했기 때문에 이해할 수 있었다. 사실 배움에서 투자는 꼭 필요하다. 앞서 시작한 사람의 노하우를 전수받아 시행착오를 줄이고 더 빨리 목표를 향해 갈 수 있기 때문이다. 하지만 그 당시에는 종잣돈을 모아가는 시기였기에 나에게는 부담이 되는 금액이었다.

경매와 관련된 여러 곳을 알아보다가 어느 날 구인광고 사이트에 L경매 회사가 눈에 띄었다. 경매 관련 구인광고 중에서는 기획부동산인 경우도 생각보다 많다. 그래서 미리 인터넷으로 그 회사를 검색해서 알아보는데 L경매 회사는 대표님이 직접 책도 쓰시고 강의도 유명하고 직원들도 많고 언론에도 많이 소개된 회사였다. 배울 점이 많겠다는 생각이 들어서 지원을 했고 입사를 하게 되었다. 부동산을 운영했던 경력, 그리고 경매를 직접 낙찰받고 명도까지 해본 경험을 좋게 봐주셨다. 대부분이 회사의 오픈 멤버로 경매 경력이 5년에서 10년 이상 된 분들이었다. 그래서 나의 바로 윗선임과 나의 근속연수의 차이는 5년이었다.

회사 직원은 총 15명이었는데 2010년에 사무실을 오픈하면서 대부분이 오픈조 멤버였다. 경력이 최소 5년씩은 되었으니 어느 정도 준전문가라고 할 수 있었다. 회사의 주 업무는 회원들을 모집해서 약 10~30억 원 이상 큰 규모에 공동투자를 하는 것이었다. 보통 여주, 화성, 안성, 평택, 대전 등 1,000평 이상의 토지나 공장들을 위주로 투자를 했다. 금액이 높고 특수 물건인 경우가 많다 보니 당연히 일반인들은 쉽게 접근할 수 없는 물건들이었다. 그렇다고 해서 경쟁률이 엄청 낮은 것도 아니었다. 그들만의 리그가 있는 것이다. 그렇게 금액대가 높은 물건들도 낙찰을 받고 명도를 하는 과정에서 좋은 경험을 할 수 있었다.

최단시간에 컨설팅 계약을 하고 영업왕이 되다

나는 공동투자도 좋지만, 개인 컨설팅을 하는 것에 더 흥미가 있었다. 개인 컨설팅은 공동투자가 아닌 1대1로 경매 대리를 해주는 것이다. 물건 추천부터 낙찰을 받고 명도까지 해주는 것이다. 회사 홈페이지에서 경매 물건을 무료로 열람이 가능한데 가끔씩 고객들이 경매 관련 질문을 하기 위해 연락을 한다. 나는 직장 내에서 전화가 오는 것을 대부분 받다 보니 개인 컨설팅 계약의 기회를 여러 번 잡을 수 있었다. 대부분의 고객은 2,000~3,000만 원으로 시작하는 소액 투자자들이었다. 나는 내 나름대로 시행착오를 발판 삼아 다른 사람들이 시행착오를 겪지 않고 수익을 볼 수 있게 심사숙고하며 물건을 고르고 조사했다.

그렇게 입찰에 들어갔고 명도까지 마무리하면 나의 임무는 끝이었다. 그러나 나는 부동산을 운영하며 쌓은 노하우로 어떻게 하면 집의 임대가 빨리 나갈 수 있는 방법을 알기 때문에 부동산을 직접 돌며 임대까지 도와주었다. 그리고 무사히 회원들에게 수익을 안겨줄 수 있었다. 내가 속해 있던 경매 회사는 다른 경매 회사보다 수수료가 비쌌다. 그리고 나는 돈을 받고 의뢰를 받는 것이기에 더욱더 집중해서 수익이 나는 확실한 물건을 찾는 데 힘을 썼다.

경험이 쌓이다 보면 그것이 곧 실력이 된다. 그렇게 개인 컨설팅을 천천히 늘려갔고 이 고객 중에서 한 건으로 끝나는 사람은 한 명도 없었다. 한 건을 낙찰받고 월세를 받는 것을 경험하면 다음 투자는 더욱더 적극적으로 하기 때문이다. 그다음부터 수수료를 부담하기 아까우니 본인이 직접 해도 될 텐데 감사하게도 나에게 물건을 추천받고 싶다는 이유로

소액 경매 투자의 정석

다음 투자를 의뢰하는 경우가 많았다. 그렇게 나는 지금까지 회사 역사상 최단기간에 개인 컨설팅을 했고, 최다 개인 컨설팅을 한 팀장이라고 대표님과 본부장님께서 말씀해주셨다. 개인 컨설팅은 모든 직원 중에서 거의 나 혼자 독식했다. 동료들로부터 개인 컨설팅으로 또 낙찰을 받았냐며 부러움을 사기도 했다. 입사한 지 6개월 정도 지났을 무렵 나는 개인 컨설팅으로 인천법원에서 낙찰을 받고 대표님에게 보고드린 후 다시 문자를 보냈다.

"개인 컨설팅 1등 전문 팀장 김영진 열심히 하겠습니다."

내가 1등이라는 것을 말했을 때 대표님의 반응을 보고 싶었다. 그러자 대표님은 "오케이, 나도 고객이 문의하면 김 팀장 붙여줄게."라고 문자를 보내주셨다. 대표님께 인정을 받았다는 생각에 종일 기분이 좋았다.

회사에서 근무하면서 개인 컨설팅은 시간을 쪼개서 했고 나의 직책에 대한 본업은 팀 단위로 움직이면서 공동투자 물건을 찾고 임장을 가서 현장 조사를 하는 것이었다. 그래서 외근이 잦았고 바쁘게 움직였다. 그러다 보니 다른 회원들 물건을 낙찰받지만 정작 나의 경매 투자를 하기는 쉽지 않았다. 나 역시 소형 아파트, 빌라, 오피스텔을 위주로 낙찰을 받아서 월세 100만 원 만들기가 단기 목표였으나 입찰을 하기가 어렵다 보니 자연스럽게 다가구로 눈을 돌리게 되었다. 다가구는 한 번의 여러 세대의 집을 사는 동시에 여러 곳에 퍼져 있지 않고 한곳에 모여 있기에 이곳저곳 왔다 갔다 하지 않아도 되는 장점이 있다. 그렇게 나는 돈이 되는 기준에 부합한 다가구 건물을 잘 고른다면 한번에 월세 200만 원 이상의 현금 흐름을 만들 수 있으니 다가구로 목표를 변경하게 되었다.

그렇게 해서 나는 몇 달 동안 입찰할 다가구를 조사하면서 낙찰을 받았다. 지금은 대출이자를 제외하고 매달 약 200만 원의 현금 흐름으로 일반 중소기업 회사 신입사원의 월급 정도를 다가구를 통해 받고 있다.

처음 부동산 투자를 할 때 포트폴리오 구성이 중요하다. 가장 기본이 되는 월세 100만 원을 목표로 시작하는 것, 종잣돈을 모아서 한번에 다가구를 통해 월세 200만 원으로 가는 방법, 그리고 상가 투자를 병행하며 월세 300만 원을 만드는 방법이 있다. 상황에 따라 소위 단타라고 불리는 시세 차익형 부동산에 투자하는 방법이 있다.

2,000~3,000만 원 소액 투자에서 월세 수익형 부동산을 투자하면서 투자금이 묶일 수 있다. 그래서 종잣돈을 키우기 위해 처음부터 시세 차익형 부동산을 먼저 하는 경우가 있다. 둘 다 좋은 방법이다. 그러나 주식과 부동산은 단기적으로 사고파는 것이 아니라 장기 보유를 하는 것이 투자의 본질이다. 그래서 첫 투자는 시세 차익도 좋지만, 월세 현금 흐름을 만들어서 노동소득이 아니라 자본이 자본을 벌어들이는 월세 소득의

흐름을 경험해보길 바란다. 월세 금액도 중요하지만, 나의 자본을 통해 소득을 벌어들임으로써 자본주의를 이해할 수 있는 가장 빠른 길이다.

투자의 목적을 명확히 하라

정확한 목표 없이 성공의 여행을 떠나는 자는 실패한다.
—노만 빈센트 필—

부동산 투자로 수익을 낼 수 있는 방향성은 크게 2가지로 나뉜다. 하나는 아파트, 빌라, 오피스텔, 다가구주택, 상가를 운영하면서 매달 월세를 받는 월세 수익형이 있다. 다른 하나는 '향후 가치에 투자한다.'라고 해서 가치투자라고도 하는데 종류는 재개발, 재건축, 분양권, 갭투자, 토지를 보유해서 시간이 지나 내가 샀던 가격과 팔았을 때 차익으로 수익을 창출하는 시세 차익형 부동산이 있다. 부동산 투자를 축구로 예를 들면 월세 수익형 부동산은 수비형 투자라고 할 수 있고, 시세 차익형 부동산은 공격형 투자라고 할 수 있다. 우리가 축구를 한다고 가정했을 때 수비만 계속하면 어떻게 될까? 훌륭히 방어만 하기 때문에 게임에서 지진 않겠

소액 경매 투자의 정석

지만 재미가 떨어지고 그 게임에서 이길 수 없을 것이다. 반대로 전부 다 공격을 나간다고 한다면 골을 많이 넣을 수 있겠지만 그만큼 뒤에는 큰 리스크가 있다. 그래서 투자의 밸런스를 갖추는 것이 중요하다. 월세 수익형 부동산과 시세 차익형 부동산의 조화를 이뤄야 하는 것이다.

월세 수익형 (수비형 투자)	시세 차익형 (공격형 투자)
-아파트 -빌라(다세대) -오피스텔 -다가구 -상가	-재건축, 재개발 -분양권 -갭투자(전세 레버리지 투자) -토지

부동산 투자는 단기 매도를 할 계획보다는 매달 월세가 나오는 수익형 부동산을 근본으로 하는 것이 좋다. 왜냐면 부동산은 늘 상승장만 있는 것이 아니고 언제든지 하락장이 올 수도 있기 때문이다. 그래서 당장은 월세 수익이 생기지 않는 시세 차익형으로 계획을 짠다면 대표적으로 대출이자에 대한 부담감 같은 리스크가 생길 수 있다.

부동산 투자도 그렇고 주식 투자 또한 마찬가지다. 모든 투자는 사실 단기적으로 넣었다가 뺐다가 해서 돈을 버는 것이 아니다. 한국의 '워런 버핏'이라고 불리는 한국의 대표적인 주식 투자 전문가 '존 리'는 한국인들의 주식 투자는 사면 바로 팔 생각을 하는 '도박'이었다고 문제점을 지적했다. 그는 "주식은 결코 사고파는 것이 아닌 사 모으는 것이다."라며

"나무를 심는 것과 같이 심었다가 곧바로 뽑아서 다른 데 심으면 그 나무는 성장할 수 없다."라고 말하기도 했다. 이처럼 부동산도 주식과 마찬가지로 단기적으로 사고파는 것이 아니라 장기적으로 보유하면서 수익을 창출하는 것이다.

대표적인 시세 차익형 부동산은 재건축, 재개발, 분양권, 갭투자, 토지투자가 있다. 시세 차익형 부동산은 '지금 당장 월세 수익보다는 단기 혹은 2년 이후 시세 차익을 기대하겠다.'라는 의미로 미래에 대한 '가치투자'라고도 한다. 이러한 가치투자는 당장은 월세 수익이 나지 않기 때문에 투자에 대해 조심스러운 부분이 있다. 그러나 요즘 수도권 아파트의 가격은 하루가 멀다 하고 가격이 올라가고 있다. 이제는 서울에 있는 아파트는 일반적인 월급을 모아서는 매입하기 어려운 가격까지 치솟았고 더 늦기 전에 빨리 움직여서 사야겠다고 하는 사람들도 늘고 있다. 이러한 수요가 다시 아파트의 가격을 올리는 구조가 되었다.

이렇게 가격 상승이 빠른 부동산 시장에서 시세 차익형 투자, 즉 가치투자가 필요하다는 생각이 들게 한다. 그래서 이제는 '무조건 월세 수익형 투자부터 시작해야 한다.'라는 편견은 사라지고 있다. 빌라를 낙찰받아서 매달 50만 원씩 월세를 받는다고 하면 1년이면 600만 원이다. 하지만 2억 원 미만의 아파트들도 입지가 좋고 대단지라면 1년이면 빌라로 연 600만 원 버는 것보다 몇 배는 더 큰 수익을 볼 수 있다.

소액 경매 투자의 정석

네이버 부동산으로 관심 있는 아파트들의 1년 전, 3년 전, 5년 전 가격과 지금의 가격의 차이를 보자. 아마 대부분 우상향으로 가격이 올랐을 것이다. 대부분 최소 몇천 만 원 단위로 올랐을 것이다. 물론 입지적으로 너무 동떨어져 있는 나홀로 아파트는 보합세이거나 오히려 가격이 내려갔을 수도 있다. 기본적으로 좋은 아파트의 대표적인 기준인 직장에서 가깝고, 교통이 좋고, 인프라가 좋고, 500세대 이상 대단지 아파트라면 가격은 올랐을 것이다. 당장 월세 수익을 기대하기는 어렵지만 매달 대출에 대한 이자를 감당할 여력만 있다면 월세 수익형 투자를 근본으로 하되 가치투자로 종잣돈을 늘려나가는 방법이 오히려 빠를 수 있다.

2,000~3,000만 원으로도 소액으로도 충분히 시세 차익형 투자를 충분히 할 수 있다. 시세 차익을 통해 종잣돈을 늘린 다음 월세 수익형 부동산으로 투자를 하는 것도 하나의 방법이다. 꼭 경매가 아니더라도 급매물, 재개발, 재건축, 분양권 투자로 부동산 매입 방법을 다각화하는 것이 좋다. 부동산을 매입하는 여러 가지 방법 중 경매라는 또 다른 무기가 있다는 생각으로 부동산 투자를 더 넓은 시각으로 바라보도록 하자.

월급은 투자를 지속할 수 있게 하는 땔감이다

간혹 "제가 2,000~3,000만 원을 모았는데 회사를 그만두고 투자를 전문적으로 해도 될까요?"라는 질문을 받는 경우가 있다. 이런 것을 '전업 투자자'라고도 하는데 우리는 다달이 각종 생활비라는 것이 들어간다. 본인이 몇 년 동안 돈을 벌지 않아도 버틸 자금이 있다면 괜찮지만 지금 당장 종잣돈을 다 투입해서 부동산 투자를 해야 한다면 본인의 노동력을 투입해서 노동 수입을 벌어야 한다.

부동산 투자로 수익을 창출하려면 적어도 몇 개월은 걸리는 것이 일반적이다. 그리고 부동산을 샀다고 해도 그 이후에 대출이자, 부동산 중개보수, 인테리어 비용, 세금 등 각종 부대비용도 무시할 수 없다. 당장에 부동산 투자로 인한 수익이 없는데 일을 그만두는 것은 불안감을 가져올 수 있다. 부동산 투자는 노동과 달라서 간절함이 있다고 돈을 벌 수 없다. 오히려 여유가 있을수록 돈을 벌 수 있다. 노동은 본인이 간절하면 더 할 수 있겠지만 부동산은 간절하면 오히려 독이 될 수 있다. 그러려면 부동산을 매입하고 보유하는 데 들어가는 각종 부대비용에 대한 여윳돈이 있어야 한다. 그래서 내가 어느 정도 안정된 생활권까지 올라가기 전까지는 2,000~3,000만 원을 모아놔도 계속해서 월급으로 저축과 비용 충당을 해야 한다.

부자는 레버리지를 활용하는 능력이 탁월하다

우리는 2,000~3,000만 원으로 그 가격대의 부동산을 사는 것이 아니다. 대출을 활용해서 1~2억 원의 부동산을 사는 것이다. 그럼 부동산 투자의 핵심은 '레버리지,' 즉 지렛대 활용을 잘하는 것이다. 그 지렛대는

280

크게 2가지인데 '부동산 담보 대출'과 '임차인의 임대보증금'이다.

남의 돈을 활용하는 것에 대해 부담을 가지면 안 된다. 부동산 투자는 남의 돈으로 하는 것, 즉 레버리지를 활용하는 것이 포인트이다. 그래서 본인 스스로 부동산 투자를 잘하고 싶다면 은행의 돈과 임차인의 월세, 전세보증금을 잘 활용하는 능력을 키워야 하고 레버리지에 대한 유연한 생각을 가져야 한다. 이미 집을 살 때 대출을 안 끼고 사는 사람들이 과연 얼마나 될까? 자본주의 사회에서 부자가 된 사람들은 대부분 남의 돈을 잘 활용한 사람들이다. 자본주의 피라미드의 가장 꼭대기에 있는 대기업이 대표적이다. 대기업들도 레버리지를 아주 잘 활용한다. 대기업의 자본은 보통 외국계 자본이 보통 20% 이상으로 이루어져 있다. 자본만 레버리지를 활용하는 것이 아니다. 노동력과 시간도 레버리지의 대표적인 예이다. 나를 대신해서 일해줄 사람을 고용해서 시간을 번다. 그렇게 아낀 시간으로 자신에게 더 필요한 일에 몰입하는 것도 레버리지의 활용이다. 자본주의에서 승자가 되려면 남의 무언가를 잘 활용할 줄 알아야 한다. 그것이 레버리지다.

레버리지를 활용한 대표적인 시세 차익형 투자가 바로 갭투자이다. 아파트분양권, 재건축, 재개발 투자도 나의 자본을 최소화하고 최대한 타인의 자본으로 투자를 하는 것이기 때문에 전부 갭투자의 일종이라고 할 수 있다.

전통적인 갭투자는 아파트의 매입 가격과 전세보증금이 크게 차이가 없는 아파트를 최소한의 금액으로 매입하여 가격이 상승하면 되팔아 차익을 보는 투자이다. '부동산 지인', '호갱노노'같은 부동산 정보 앱을 활용하면 아파트의 매매가 대비 전세가율을 쉽게 알 수 있다. 전세가율이란 매매가가 1억 원인 아파트의 전세가율이 90%라고 하면 전세 시세가 9,000만 원이라는 말이다. 실제로 전세가율이 90%가 넘는 아파트들이 꽤 있다. 전세가율이 높은 아파트를 찾아서 본인의 실제 투자금을 적게 투입하고 시간이 지나 아파트를 매도할 때 높은 수익 실현을 하는 것이 갭투자의 목적이다. 이렇듯 갭투자는 소액으로도 시작할 수 있는 부동산 투자의 방법으로 아주 매력적이라고 할 수 있다.

예를 들어 A씨는 전세가 1억 2,000만 원, 매매가 1억 5,000만 원의 아파트를 매입하였다. 당시 자기자본은 3,000만 원으로 투자하여 아파트를 산 것이다. 이 경우 전세가율은 80%가 된다. 시간이 지나 재건축 호재까지 생기면서 아파트 매매 가격이 2억 원까지 상승하면, 3,000만 원을 투자해서 8,000만 원의 수익을 버는 수익률 200%가 넘는 투자를 한 것이다. 이렇듯 갭투자는 매매 가격이 상승했을 때 소액으로도 높은 수익률을 볼 수 있는 투자 방법으로 ① 공급 물량 적은 곳 ② 전세가와 매매가의 갭이 적은 곳 ③ 하락장에서 반등을 시작한 곳을 위주로 투자 물건을 찾는 것이 중요하다.

소액 경매 투자의 정석

부동산 투자는 크게 월세 수익형 부동산과 시세 차익형 부동산으로 나눌 수 있다. 사실 부동산은 단기적으로 사고파는 것이 아닌 보유하는 것이 본질이다. 그리고 월세 현금 흐름을 만들어서 내가 일을 하지 않아도 돈이 들어오는 월세 파이프라인 자본소득을 만드는 것이 부동산 투자의 목적이기도 하다. 그러나 계속해서 오르는 상황에서는 월세 현금 흐름도 중요하지만 급격하게 오르는 부동산을 남의 일이 아닌 내 것으로 만들어 보는 것도 중요하다. 그러나 위험도 당연히 존재한다. 그러므로 월세 수익형 투자와 시세 차익형 투자 중에서 본인의 목표에 맞는 투자를 하기 바란다.

05

부자는 월급만으로 되지 않는다

열망을 실현하기 위해 명확한 계획을 세우고 즉시 시작하라.
준비가 됐든 아니든 이 계획을 실행에 옮겨라.
-나폴레온 힐-

대부분의 사람은 20대 중후반까지 배움의 과정을 지낸 후 취업을 한다. 그렇게 회사생활을 하다가 결혼도 하고 자녀들도 키우면서 하나의 가정을 이루게 된다. 고정비용은 늘어만 가고 저축은 아무래도 힘들어지는 것이 현실이다. 그러다 보니 남들 다 하는 거 같은 부동산 재테크를 하는 것조차 쉽지가 않다.

그렇게 40~50대가 되어 은퇴 후 치킨집 같은 자영업을 하더라도 내가 일을 안 하면 안 되는 구조가 된다. 은퇴자들은 그동안 열심히 살았기 때문에 앞으로 남은 인생의 보상을 받으면서 휴식을 취하고 즐기면서 살아아 한다. 그러나 현실은 은퇴를 했어도 돈을 벌기 위해 다시 자영업으로 일을 해야 한다.

이러한 현실을 벗어나기 위해서는 은퇴하기 전까지 부동산의 월세, 주식의 배당금 등 내가 일하지 않아도 현금 흐름이 발생하는 자산을 소유해야 한다. 그 현금 흐름 자산들은 우리를 매일 일을 해야 하는 시간의 노예에서 벗어나게 해줄 것이고 나아가 경제적 자유로 이끌어줄 것이다. 계속해서 그러한 현금 흐름 자산을 늘려나가는 것을 목표로 삼아야 한다. 그 목표는 빠를수록 좋다. 회사를 위해 연봉을 끌어올리는 것에만 집착하지 말고 나를 대신해서 일해줄 일꾼, 즉 자산을 계속해서 만들어 경제적 자유를 이루어야 한다.

경제적 자유를 이루기 위해서는 나를 위해 일해줄 일꾼, 즉 현금 흐름 자산을 만들어야 하는데 자산을 만드는 것도 적절한 시기가 있다. 어느 기간까지는 열심히 내 한 몸 바쳐 일하며 자산을 만들어야 한다. 그리고 어느 기간부터는 내가 아닌 자산이 일을 해서 돈이 돈을 버는 구조가 돼야 한다. 이런 시기를 잘 맞춰야 이 험난한 자본주의 세상에서 여유 있는 인생을 살아갈 수 있다.

인생의 4계절

인생의 4계절			
봄 (배움)	여름 (일, 저축)	가을 (창업, 투자)	겨울 (나눔, 공헌)
~20세	~40세	~60세	~80세
인생의 전반전		인생의 후반전	
근로소득		자본소득	

우리의 인생을 4계절로 구분할 수 있다. 우리의 인생을 평균수명 80세로 보고 4계절이니 20년씩 나누는 것이다. 0세에서 20세까지는 봄, 21세에서 40세까지는 여름 41세에서 60세까지는 가을, 61세부터 80세까지는 겨울로 구분을 해본 것이다. 평균적으로 20대 중 후반까지는 '배움에 투자하는 시기'이다. 사회로 나가기 위해서, 돈을 벌기 위해서, 부자가 되기 위해서 배우는 시기이다.

이 시기에 얼마나 열심히 배웠느냐, 공부를 많이 했느냐에 따라서 남은 인생의 판도가 많이 달라진다. 물론 역전할 수 있는 기회들은 많이 생긴다. 그렇게 20대 중 후반에 사회에 나와서 30대까지는 대부분 조직에 몸을 담고 일을 하게 된다. 주로 남의 일을 하면서 일을 하고 급여를 받는다. 일찍 사업이나 자영업을 시작하더라도 남의 일을 거치는 경우가 대부분이다. 조금씩 차이는 있지만 빠르면 30대부터 늦으면 40대부터는 퇴사를 생각하고 창업과 투자에 관심을 갖게 되면서 가을을 보낸다. 그리고 60대 이후로는 노후를 맞이하게 된다. 노후에는 대부분 나눔과 공헌을 하면서 인생을 마무리하는 것을 희망한다.

인생의 계절인 봄과 여름 그리고 가을과 겨울을 반으로 나누어 40세를 전후로 인생의 전반전과 후반전으로 나눌 수 있다. 인생의 전반전인 주로 직장생활을 하고 급여를 받는 시절에 돈을 버는 원천은 우리의 '노동'이다. 나의 노동력과 시간과 노력을 직장에서 주는 월급, 즉 '근로소득'과 맞바꾸는 것이다. 이때는 자영업과 사업을 해도 보통 자신의 노동력이 들어가는 경우가 많다. 아직 내가 없어도 자동으로 돌아가는 시스템을 구축하지 못했기 때문이다. 이 인생의 전반전에는 열심히 일하면서 돈을 버는 것이 최고의 철학이다. 그리고 그 돈을 가만히 모으지 않고 조금씩 나를 위해 일해줄 현금 흐름 자산을 만들기 위해 공부하고 실행해야 한다.

인생의 반이 지나 후반기에 접어든 40~50대부터 60대는 굉장히 열심히 살았는데 뭔가 나아진 인생이 아니라는 고민과 푸념을 한다.

"난 한 번도 게으르게 산 적이 없어."
"정말 성실하게 살았는데 남은 것이 없다."
"내가 뭘 잘못했나. 세상이 잘못된 것이 아닌가?"

그런데 그들의 지난 삶을 한번 돌아보면 대부분 '열심히'만 사신 것이다. 자본주의 게임의 법칙에 맞지 않는 열심히만 산 것이다. 물론 가족들을 위해 열심히 살아왔고 그것만으로도 충분히 존경받을 일이다. 하지만 열심히만 살았고 나를 위해 일해줄 자산을 만들지 못했다면 부자가 되기는 힘들다. 나를 위해 일해줄 현금 흐름 자산이 없다면 평생 일을 해야할지도 모른다. 60대가 넘어서도 편의점 아르바이트를 하는 분들이 많은데 안타까운 현실이다.

20~30대에 시간과 노력 그리고 노동을 통해 벌어들인 돈을 잘 바꿔야 한다. 무엇으로? 스스로 일할 수 있는 돈으로 바꿔야 한다. 그 돈을 우리는 '자본소득'이나 자산이라고 말하기도 하고 시스템이라고도 한다.

인생 후반전은 나의 노동보다는 나를 위한 자본이 일해야 하는 시기이다. 즉 내가 돈을 모아 자산을 만든 것들이 스스로 일하는 시기로 만들어야 한다. 이 인생의 후반전까지 내가 돈을 위해 일하는 시기가 돼서는 안된다. 계속 강조하지만, 인생의 후반전에는 돈이 나를 위해서 일하는 시스템을 꼭 갖춰야 한다.

투자, 하루라도 빨리 시작하라

요즘 직장인들이 가장 많이 하는 고민이 '직장 월급으로는 내 집 마련도 힘들고 답이 안 나오는데 어떻게 해야 하나?'라는 고민이라고 한다.

소액 경매 투자의 정석

사실 이 고민은 주로 30~40대가 돼야 했는데 요즘은 20대부터도 이러한 고민을 한다. 직장생활만으론 도저히 답이 없다고 말이다. 특히나 요즘처럼 매년, 매달 부동산 가격이 많이 오르는 시장에서 이러한 고민은 더 많이 나오기 마련이다. A씨는 많은 것을 포기해가면서 직장생활을 정말 열심히 했지만, 부동산에 투자한 B씨는 집 하나를 샀는데 그 집의 가격이 많이 올라서 A씨보다 더 많은 돈을 벌었기 때문이다. 그렇게 일을 열심히 하느라 집을 살 겨를도 없었고 부동산에 대한 지식도 없었던 A씨는 '이게 뭐지? 내가 지금 세상 흐름에 대해 너무 모르고 살아왔던 것인가?'라는 후회를 많이 한다.

2008년 금융위기 때부터 2020년 최근까지 12년 동안 세계적으로 현금 통화량이 43조 달러에서 86조 달러로 약 2배가 늘었다고 한다. 우리나라도 2008년에 1,430조 원에서 2020년에는 3,054조 원으로 2배가 늘었다. 12년 동안 돈이 2배가 늘어난 것이다. 돈이 2배로 늘어났다는 말은 돈의 가치가 반으로 떨어졌다라는 말과 같다. 물가가 2배 올라갔다고 보면 된다. 예를 들어 2008년에 3억 원짜리 아파트를 가지고 있었다면 12년 후에는 6억 원이 되는 것이 정상이라는 말과 같다. 지역마다 차이가 있지만 실제로 부동산 상승률도 이러한 흐름으로 화폐 가치는 떨어지고 물가는 올라가는 현상을 인플레이션이라고 하는데 우리나라는 이 인플레이션을 대비하지 않는 대표적인 나라라고 한다. 이러한 시기에 노동력에만 의지하고 현금을 보유하거나 저금리인 은행 예금에 넣어두면 오히려 화폐 가치가 점점 더 하락하는 결과를 초래하게 된다. 그래서 이런 인플레이션에 의한 화폐 가치의 하락으로 비롯되는 손실을 막기 위하여 부동산이나 주식 등 화폐로써 일정한 가치를 갖는 상품 등을 보유해야 한다.

12년 동안 현금을 보유하고 있거나 은행 예금으로만 의존한 사람과 부동산이나 주식에 투자한 사람의 재산은 차이가 나게 된다. 12년 전 1억 원과 지금의 1억 원의 가치가 다른 것처럼 현금을 투자하지 않고 보유하고 있던 사람은 오히려 화폐 가치가 떨어지게 되었다. 반면에 부동산이나 주식을 가지고 있던 사람은 보통 재산의 가치가 2배로 늘어났다고 가정했을 때 이것을 '인플레이션 헤지'를 했다고 한다. 화폐 가치가 떨어질 때 투자로 화폐 가치가 떨어지는 것을 방어한 것이다. 그 방어를 넘어서서 재산 증식에 성공하게 된 것이다.

우리는 누구나 자기의 시간과 노동, 그리고 노력을 회사의 월급, 즉 근로소득과 맞바꾸며 사회생활을 시작한다. 그러나 시간이 갈수록 나의 노동, 근로소득과 돈이 돈을 버는 자본소득을 같이 가져가야 하는데 이 시기는 당연히 빠를수록 좋다. 그리고 궁극적으로는 내가 일하지 않아도 내가 가진 자산만으로도 충분히 먹고살 수 있는 시스템을 만들어야 한다. 그렇게 됐을 때 우리는 경제적 자유를 이뤘다고 할 수 있다.

경제적 자유의 핵심은 단순히 돈이 많다는 것을 뛰어넘어 얽매이지 않는 삶을 사는 것이다. 하루라도 일을 하지 않으면 돈을 벌 수 없기에 나 자신과 가족까지 소홀히 할 수밖에 없는 안쓰러운 가장의 모습에서 벗어날 수 있다. 내가 사랑하는 가족과 지인들과 더 많은 시간을 보낼 수 있고, 하고 싶은 일을 하며 자기계발을 하면서 살 수 있다. 우리의 인생은 단 한 번뿐이기 때문에 이보다 더 고귀한 것은 없다. 우리는 행복하게 살기 위해 하루라도 빨리 경제적 독립을 이뤄야 한다. 진정한 자유의 밑바탕에는 경제적 자유가 존재한다.

06

돈이 없을수록 소액 경매를 하라

> 기다리지 말라. 적절한 때는 결코 오지 않을 것이다.
> ─나폴레온 힐─

재테크와 투자 방식의 종류에는 여러 가지가 있다. 대표적으로는 부동산, 주식, 예·적금이 있다. 이 중 어느 하나가 정답이라고 단정할 수는 없다. 분야마다 전문가와 고수들이 있고 나름대로 그 분야에서 이익을 거두고 있는 많은 사람이 많다. 주기적으로 주식, 부동산 시장 같은 자산시장이 폭락하고 세상이 무너질 것 같은 위기가 10년 주기로 한 번씩 오지만 그래도 자본주의는 계속해서 돌아간다. IMF 외환위기와 2008년 금융위기 때 자산시장은 엄청난 위기와 혼란을 겪었지만, 다시 평온을 되찾았고 그러한 순환하는 시장에서도 꾸준히 수익을 만들어내는 사람들은 언제나 존재했다.

이번 코로나 19 여파로 코스피 지수는 1,400까지 내려갔고 부동산 시장도 얼어붙는 듯했으나 금방 주식과 부동산 시장은 회복을 넘어서 매일 고점을 갈아치우고 있다. 이렇게 10년에 한 번 올까 말까 한 위기 속의 기회를 학습한 많은 사람은 황금 같은 이 기회를 놓치지 않았다. 심지어 대출까지 받아서 주식을 산 사람들, 얼어붙은 부동산 시장에서 집을 사는 사람들을 주위에서 쉽게 볼 수 있었다. 나 또한 주식 투자를 2011년부터 해왔고 코로나같이 자산 시장의 위기는 곧 기회란 것도 알 수 있었다.

주식과 부동산의 투자 대상은 각각 저마다의 장점이 있고 시기마다 커다란 흐름과 주기가 있다. 그래서 절대적으로 더 옳은 투자 대상은 없다. 주식에 투자하면 좋을 때가 있고, 레버리지를 극대화하여 부동산에 투자해야 할 때도 있으며, 예·적금으로 수익이 거의 없더라도 안전한 곳에서 기다려야 할 시기도 있다.

그렇지만 어떠한 장세에서도 커다란 가격의 상승과 하락의 폭이 거의 없고 리스크가 없이 꾸준하게 이익을 거둘 수 있는 분야는 바로 부동산이다. 그중에서도 나는 부동산을 가장 저렴하게 살 수 있는 채널인 부동산 경매에 매력을 느꼈다. 부동산 경매는 내가 공부를 할수록 높은 수익률을 창출할 수 있는 유일한 시장이었고 내 노력에 따라 리스크를 관리할 수 있는 이기고 시작하는 투자였다. 경매를 통해 부동산을 처음부터 저렴하게 샀다면 사장 상황이 악화되어도 큰 걱정이 없고, 주식처럼 갑

자기 어떤 사건으로 인해 폭락하진 않을까 걱정을 하지 않아도 된다. 물론 주식 시장도 매력이 있기에 투자 대상에서 배제하지 않는다. 그러나 부동산 경매는 애초에 수익률을 설정해놓고 위험을 제거할 수 있다는 확신이 들었을 때 투자를 하면 실패할 일이 거의 없다. 해당 물건에서 실패할 가능성이 보인다면 투자하지 않으면 그만이다. 때에 따라 수익이 크고 작은 차이가 있을 뿐 충분히 공부하고 시세를 알아보고 투자를 한다면 절대 손해를 보지 않는 투자이다. 그렇기 때문에 이제 경제적 자유를 꿈꾸고 투자를 시작하는 갈림길에 서 있다면 더 안정적이고 자본이 적어도 투자할 수 있는 부동산 경매에 도전해보길 바란다.

내가 재테크로 부동산 경매를 선택하게 된 이유는 종잣돈이 적어도 부동산을 살 수 있었기 때문이다. 꼭 신축 건물이 아니더라도 부동산을 아주 저렴하게 사서 시세보다 저렴하게 시장에 내놓으면 누군가는 산다는 것을 부동산을 운영하면서 알았기 때문이다. 아무리 외관상 좋지 않은 집이라고 해도 가격이 저렴하다면 그 부동산은 좋은 부동산이다. 부동산의 가치는 곧 가격이다.

실제로 내가 부동산을 운영할 때 가끔 부동산에 방문해서 시세보다 저렴하게 아주 매력적인 가격으로 물건을 내놓는 사장님이 계셨다. 보통 내놓는 물건은 규모가 작은 상가나, 빌라가 대부분이었는데 시세보다 저렴하게 내놓기 때문에 나는 쉽게 거래 계약을 시킬 수 있었다. 그 사장님은 항상 경매로 낙찰을 받아와서 나에게 매물을 주었던 것이었다. 계약할 때 등기부등본을 보면 경매로 부동산을 샀다는 것을 알 수 있다. 당시 낙찰가가 적혀 있는 경우도 있는데 그 가격을 보고 '정말 저렴하게 사셨구나.'라는 생각을 했었다. 그렇게 경매의 장점을 몸소 느꼈던 순간이지만 그 당시에도 부동산은 어느 정도 돈이 있어야 한다는 생각에 '아직 나와는 먼 이야기야.'라고 생각하면서 더 빨리 경매를 시작할 수 있었던 기회를 스쳐 보냈다.

누구나 처음부터 종잣돈이 있는 사람은 없다. 그래서 부자가 되기 위해, 경제적 자유를 얻기 위한 첫걸음은 종잣돈을 만드는 것부터 시작한다. 그러나 종잣돈을 모으기 전에 가장 먼저 체크를 해봐야 하는 것이 있는데 바로 '소득 〉 지출'의 법칙이다. 혹시 나의 급여가 통장을 잠시 스쳐만 가고 어디론가 증발해버리지는 않는가? 그래서 돈을 모으고 싶어도 모을 수 없는가? 그렇다면 대출이자, 보험료, 생활비, 차 할부금, 유류비, 교통비, 통신비, 각종 세금 등 내가 지출하는 것들이 내가 직장에서 벌어들이는 노동소득보다 높다면 지출에 대해 하나하나 점검을 해봐야 한다. 종잣돈을 모으려면 먼저 내가 벌어들이는 소득이 지출보다 높아야 하는데 이것이 안 되어있다면 재테크를 절대 시작할 수 없다.

먼저 지출을 줄여서 단돈 100원이라도 소득이 더 높은 구조를 만들어야 한다. 재테크를 하겠다고 마음을 먹었다면 불필요한 고정지출을 줄여서 '소득 〉 지출'의 구조를 만드는 것이 재테크의 첫 시작이다.

나 역시 소득보다 지출이 많았다. 목표가 없다 보니 돈을 계획 없이 쓰곤 했다. 정신을 차리고 경제적 자유를 목표로 한 달에 단돈 100원이라도 모으겠다는 생각으로 시작했다. 그래서 불필요한 고정지출을 줄였던 것 중 하나가 보험이었다. 매달 20만 원 정도 내던 보험을 전부 해지했다. 실비 보험까지 해지했을 때는 그때까지 느껴보지 못했던 감정을 느꼈다. 사실 부모님이 과할 정도로 건강한 몸을 물려주신 덕분에 아파서 병원을 가본 적이 거의 없었다. 그래서 보험을 잘 알지도 못했고 내가 어떤 보험에 가입한 것인지도 몰랐고 활용해본 적도 없었다. 그러나 막상 보험을 해지하다 보니 마음 한구석이 공허한 기분이었다. '갑자기 사고가 나거나 아프면 어떡하지?'라는 생각을 이때 처음 해봤던 거 같다. 하지만 이 또한 사치라고 생각했다. 빨리 성공해서 나를 지켜줄 수 있는 좋은 보험으로 다시 새롭게 세팅하겠다는 마음으로 버텼다.

그렇게 나는 '소득 〉 지출'의 구조로 바꾸는 것에서부터 시작했다. 소득이 지출보다 높아지고 저축을 할 수 있다면 이제부터 시작이다. 최대한 곳곳에 숨어 있는 불필요한 지출을 줄이되 더욱더 빨리 종잣돈을 만들려면 시간과 노동을 들여 소득을 높여야 한다. 퇴근 후 2~3시간 파트타임으로 일을 하거나 주말을 이용해서 투잡이라도 하는 것이 소득을 높이는 대표적인 방법이다. 여러 성공자는 이러한 과정들을 겪었다. 성공의 길은 절대 쉽지 않고 성공자들이 걸어온 길을 보면 수없이 많은 시련과 극복의 과정이다. 나는 성공자들의 책을 읽고 이러한 과정을 먼저 겪어온 성공자들이 보이기 시작하면서, 이제서야 부자가 되는 길을 깨달은 나를 자책하면서도, 이제라도 깨달았으니 다행이라는 생각을 했다. 그렇게 나는 잘 거 다 자고, 친구들을 만나고, 놀러 다니고, 돈을 펑펑 쓰면서 돈 낭비, 시간 낭비를 하면서 살아왔던 습관에서 벗어나 어떻게 해야 돈을 많이 벌지를 고민하며 자주 잠을 설쳤고, 친구와의 만남을 끊었고, 노는 것은 사치, 차 안에서 이동하며 삼각김밥으로 끼니를 때우면서 조금이라도 시간을 아끼면서 생산적인 일만 하려고 노력했다. 그렇게 나는 절에 들어간 수도승처럼 속세와 단절하고 절제의 삶을 살기 시작했고 성공을 위한 자기 혁명을 하려고 노력했고 그렇게 종잣돈을 모았다. 그렇게 1,500만 원으로 부동산 경매를 시작했던 나와 아내는 인천에 있는 빌라 투자를 시작으로 매달 평범한 직장인의 월급 정도의 월세가 들어오는 15세대 다가구 건물주가 되었다.

성공을 위한 노력 뒤에는 간절함이 존재해야 생명력을 발휘한다. 간절함은 이것저것 따지지 않고 달릴 수 있는 열정을 안겨준다. 나의 사랑하는 가족들을 생각하며 성공에 대한 명확한 목표를 세워보자. 그렇게 된다면 나도 모르게 하나하나 변화되는 것을 경험할 것이다. 새벽에 일어나야 할 이유가 없었기에 출근 시간에 맞춰 일어나 허겁지겁 아침을 맞이했던 나는 아침 5시에 일어나서 부동산 관련 책, 성공자의 책을 읽었다. 명확한 목표가 없던 나는 좋은 집, 좋은 차를 타고 사랑하는 가족들과 함께 파리의 에펠탑 앞에서 행복한 웃음과 함께 사진을 찍는 상상을 한다.

"나는 아무것도 시도하지 않은 것을 후회하느니 실패를 후회하는 삶을 살겠다."

미국의 자수성가한 백만장자 '엠제이 드마코(MJ demarco)'가 한 말이다. 지금껏 나를 움직이게 했던 명언 중 하나이다. 대부분의 사람은 무엇을 하기 전에 실패가 두려워서 시도를 잘하지 않는다. 대부분은 고민만 하다가 끝나는 경우가 허다하다. 그리고 나중에 후회하는 일이 적지 않다. 실패가 두려워서 시도를 잘하지 않을 때 놓치는 기회들이 의외로 참 많다. 무언가 하고자 하는 일이 있을 때 너무 고민하기보다는 실행을 해보자. 성공자들이 공통으로 말하는 것이 있다. 바로 너무 고민하지 말고 실행하라는 것이다. 실행해야 다음 단계가 있고 그 단계는 성공에 한 발짝씩 더 다가가는 발판이 될 것이다.

살다 보면 많은 시련이 찾아오기 마련이다. 하지만 시련은 무언가 시도를 한 사람에게 찾아오는 것이다. 시도조차 하지 않은 사람에게는 시련도 없고 슬럼프도 없다. '시련이란, 내가 더 큰 사람이 되고 성장하라고 하늘이 주신 선물'이라고 한다. 나는 이 말을 참 좋아한다. 부동산 투자를 하면서 여러 시행착오와 시련을 겪을 때 너무 힘들고 괴로웠지만, 이 말은 나에게 큰 힘이 됐고 고민했던 일이 의외로 아주 간단하게 해결이 되기도 했다. '이 시련이 있어서 행복해, 나는 오늘도 성장해.' 힘들 때마다 오히려 웃으면서 이 말을 내뱉으며 룰루랄라 콧바람을 부르며 폴짝폴짝

뛰던 때도 있었다. 시련과 실패를 너무 두려워하지 말자. 어차피 시련과 실패는 성공의 과정이니 말이다.

　아무리 평범한 사람에게도 최고의 기회는 반드시 온다. 단지 자신이 준비되어 있지 않아 거절하거나 알아보지 못할 뿐이다. 인간은 생각하는 것보다 더 많은 능력이 있다. 자신이 생각하고 원하는 만큼 이룰 수 있다고 확신한다. 경제적 자유를 꿈꾸는 당신에게 부동산 경매 재테크는 분명 크고 단단한 디딤돌이 될 것이라고 확신한다. 아직 늦지 않았다. 너무 고민하지 말고 지금 당장 시작하라. 열정과 노력을 더해 경매라는 기술을 잘 활용한다면 당신이 원하는 일생을 살게 될 것이다. 이것이 부자가 될 수 있는 지름길이다. 당신도 얼마든지 부자가 될 수 있다. 당신이 생각한 대로, 말하는 대로, 꿈꾸는 대로 이루어진다고 확신한다.

부동산 경매 투자로
황금알을 낳는 거위를 만들어라!

"3,000만 원으로 어디에 투자를 해야 하나요?"

경매를 시작하려고 하는 분들에게 가장 많이 받는 질문 중 하나이다. 보통 경매를 시작하려는 분들의 투자금은 3,000만 원이거나, 이보다 낮은 것이 대부분이다. 어쨌든 그 금액이 얼마가 됐든 힘들게 투자금 자체를 모았다는 것만으로도 박수를 받아 마땅하다.

이 책에는 내가 직접 낙찰을 받거나 컨설팅을 해준 여러 경매 사례가 담겨 있는데 3,000만 원 이내의 투자금으로 낙찰을 받아 월세 수익을 만든 사례가 대부분이고, 나 역시 1,500만 원의 종잣돈으로 경매 재테크를 시작해서 현재는 매달 직장인 월급만큼 월세 수익이 나오는 15세대 다가구 건물주가 되었다.

　현재 1%대로 은행 금리는 점점 낮아지고 있는데 3,000만 원을 가지고 은행에 예금이나 적금을 든다는 것은 기회비용을 날리는 것과 같다. 반대로 금리가 낮아졌기 때문에 대출 레버리지를 활용한 부동산 투자의 수익률은 점점 더 올라간다. 투자자 입장에서는 기회이다. 또한 부동산의 월세와 시세는 시간이 지나면서 대부분 오른다. 이자는 내려가고 월세와 시세는 올라간다. 이것이 자본주의 사회에서 돈을 불려나가는 첫걸음이다.

　부동산 투자는 당장 큰 수익은 나지 않을 수 있다. 그러나 부동산 재테크는 시간이 돈을 불려주는 시스템을 만드는 것이라고 생각한다. 비록 소액 투자로 시작해서 소액을 가져다주지만 나 대신 일을 해주는 황금알을 낳는 거위를 만들면서 직접 일을 해서 벌어들이는 근로소득이 아닌 나의 자본이 일해서 벌어들이는 자본소득을 하나씩 구축하는 것이 핵심이다. 우리는 매일 빠짐없이 일할 수 없기 때문에 일을 하지 않아도 돈이 들어오는 시스템을 하루라도 빨리 준비해야 한다.

　그럼 3,000만 원이 있다면 어디에 투자를 하는 것이 좋을까? 보통 우리의 삶과 뗄 수 없는 주거용 부동산으로 시작을 한다. 처음에는 가장 자신 있는 분야이고 접근하기 쉬운 주거용 부동산으로 투자를 시작하는 것을 추천한다. 그런데 이렇듯 주거용 부동산에 투자하는 투자자들이 많다 보니 주거용 부동산에 대한 여러 가지 규제가 나오고 있다.

하지만 규제 안에서도 끊임없이 경매 투자로 월세 수익과 시세 차익을 만들고 있는 투자자들은 넘쳐난다. '내가 이제 뭘 좀 하려고 했더니 규제 때문에…'라고 생각하는 분들이 계실 것이다. 그런데 거기서 멈추면 안 된다. 그래도 내가 무엇인가 하려면 계속 생각을 하고 투자할 수 있는 방향을 찾아야 한다.

현재 비규제지역의 공동주택 공시가격 1억 원 이하 주택은 대출 레버리지도 잘 활용할 수 있고 다주택자라 하더라도 취득세 1.1%를 적용하여 취득세 중과를 하지 않기 때문에 소액 투자자 입장에서는 기존과 동일한 정책이다. 사실 부동산 규제 전부터 소액 투자자들은 이런 방식으로 투자를 해왔기 때문에 소액으로 투자자들에게는 이번 부동산 대책이 크게 와닿지 않아 기존과 같은 방식으로 투자를 하고 있다. 오히려 법인의 부동산 규제로 인해 부동산 경매 물건들은 쏟아져나오는 상황이다. 그런데 경쟁자들은 오히려 줄고 있다. 다주택자 법인의 취득세, 보유세 규제, 코로나로 인한 경제 불황으로 인해 소액 투자자에게는 기존보다 더욱더 부동산을 저렴하게 매입할 수 있는 기회이기도 하다.

대부분 소액으로 경매를 시작할 때 지방에 있는 소형 아파트에 투자하는 것을 시작으로 월세 파이프라인을 구축한다. 경매는 잘만 하면 총 3번의 수익을 실현할 수 있다. 시세보다 저렴하게 매입을 하면서 첫 번째 수익을 보고, 매달 따박따박 월세 수입으로 두 번째 수익을, 그리고 마지막으로 매각을 하면서 또 한 번 시세 차익을 보고 종잣돈을 늘리는 것이다. 그렇게 조금씩 본인이 진정 원하는 지역의 브랜드 아파트 또는 마당이 있는 단독주택으로 본인이 꿈꾸는 집에 한 발짝씩 다가가는 것이다.

주거용 부동산에 투자해서 수익을 보면 자연스럽게 상가로 눈을 돌리게 된다. 상가 투자에도 성공한다면 사람의 욕심은 끝이 없기에 토지에 투자하여 시세 차익을 보면서 돈을 불리게 된다. 여기에는 분명히 시간이 필요하고 그때 우리는 시간이 돈을 불려주는 투자 시스템을 이해해야 한다. 이 시스템은 우리가 이때까지 근로소득을 통해서 얻은 수익보다 굉장히 편하고 높은 수익을 볼 수 있다.

재테크를 할 때는 목적이 있어야 한다. 목적은 단순히 공부하기 위해서, 전문가가 되기 위해서 하는 것이 아닐 것이다. 가족의 행복한 미래와 부모님께 효도, 그리고 편안한 노후를 위해서일 것이다. 우리가 언제까지 일할 수 없기에 준비를 하는 것이다.

"3,000만 원으로 어디에 투자해야 하나요?"

나는 예전과 같이 소액으로 투자를 하고 월세와 시세 차익을 보면서 자산을 늘려갈 것이다. 지금도 많은 사람들이 경매를 통해 자산을 늘려가면서 목표를 향해 한 계단씩 오르고 있다. 이 책에 담겨 있는 여러 가지 소액 경매 투자의 사례, 실패하지 않는 투자법이 여러분의 성공 투자를 돕는 지침이 될 것이라고 확신한다. 생각을 실천으로 옮기는 것만으로도 이미 부자라고 생각한다. 이 책을 읽고 통찰력을 얻어 지금 당장 실천하고 여러분이 원하는 꿈을 꼭 이루길 바란다.

　인생에서 큰 비밀은 '큰 비밀 따위는 없다'는 것이다.
　당신의 목표가 무엇이든 기꺼이 할 의지만 있다면 달성할 수 있다.
　-오프라 윈프리

소액 경매 투자의 정석